Slapende leeuwen

Slapende leeuwen

Uitzonderlijk hoogbegaafd.
Is dat nu écht zo anders?

Els De Wit

Dankwoord

5

Mijn dank gaat uit naar iedereen die inhoudelijk of stilistisch dit boek mee naar een hoger niveau heeft helpen tillen.

Ook hier wil ik de ruimte maken om alle partners van Talentvol te bedanken. Zij hebben door de jaren heen mee geholpen om de juiste inhoud naar de juiste plek te brengen: bij onze kinderen en jongeren die snakken naar hun kennis.

Verder wil ik ook mijn dank uiten alle ouders die voor dit boek hun getuigenis hebben neergeschreven. Zonder hen zou dit boek niet hetzelfde zijn.

Mijn grootste dank gaat naar elke jongere die zijn pen of computer erbij heeft genomen, zijn moed heeft bijeen gesprokkeld en is beginnen schrijven hoe het is om jezelf te zijn in deze wereld. Met dit boek raak ik het hoofd, maar jullie raken het hart.

De grote kracht van wetenschap ligt in haar collectiviteit. Individuele genieën, zoals Albert Einstein, spreken wel tot de verbeelding, maar wetenschap is in wezen een continu evoluerend groepsproces. Nieuwe inzichten bouwen voort op oudere theorieën, of weerleggen die net, en de huidige generatie onderzoekers plaveit de weg voor de volgende.

Een essentiële voorwaarde hierbij is dat kennis zoveel mogelijk gedeeld wordt, zowel met andere wetenschappers als met het grote publiek. Dat laatste is niet eenvoudig. Wetenschap volgt haar eigen methode: je ontdekt iets nieuws, vervolgens schrijf je een artikel dat door collega's (de *peers*) wordt beoordeeld, waarna het in een vakblad verschijnt.

Voor journalisten en wetenschapscommunicators wacht dan de taak om de in jargon opgestelde vakliteratuur om zetten in een begrijpelijke taal. Van vaak ondoorgrondelijk Engels naar leesbaar Nederlands. Dat is wat we bij *Eos Wetenschap* doen, en daarmee komen we ook tegemoet aan de noden van initiatieven zoals Talentvol. Wetenschappelijke kennis is een onuitputtelijke bron om je leerhonger te stillen.

Raf Scheers - Hoofdredacteur EOS Wetenschap

Inhoudsopgave

HOOFDSTUK 4 - 7 dagen uitzonderlijk hoogbegaafd 233

Voorwoord

Een paar jaar geleden leerde ik Els de Wit kennen via Stichting Hoogbegaafd!, een door mij opgerichte stichting met als doel het verbinden en informeren van hoogbegaafden van allerlei leeftijden en achtergronden. Toen ze me begin 2020 vroeg of ik het voorwoord wilde schrijven van haar boek over uitzonderlijke hoogbegaafdheid, voelde ik me zeer vereerd. Natuurlijk wilde ik dat graag doen, want ik wist dat dit boek ver voorbij de weinig informatieve term '145+' zou kijken en in plaats daarvan een existentiële blik zou werpen op uitzonderlijke hoogbegaafdheid.

De laatste jaren bestaat er steeds meer aandacht voor hoogbegaafdheid: een positieve ontwikkeling. Dankzij de inspanning, het geduld en de lange adem van vele mensen, zelf hoogbegaafd of geïnteresseerd in het onderwerp, wordt hoogbegaafdheid steeds vaker herkend en erkend. Dit draagt bij aan de emancipatie van hoogbegaafden in de samenleving, waarbij het steeds minder vaak gek, raar of zelfs verwerpelijk is om te vertellen dat je hoogbegaafd bent. Toch hebben we nog een lange weg te gaan en valt er nog heel veel te behalen.

We hebben gaandeweg afscheid genomen van het IQ als synoniem voor hoogbegaafdheid. Zo komt het precieze 'getal' steeds minder op de voorgrond, een getal dat een afschrikwekkend effect kan hebben, snel tot een oordeel kan leiden en wezenlijk contact tussen en met hoogbegaafden bemoeilijkt. Omdat jij meer IQ-punten hebt dan een ander, ben jij als hoogbegaafde zogenaamd beter en hoger. Dit impliceert een zekere meerwaardigheid, terwijl het getal niets zegt

over de waardigheid van wie dan ook. Bovendien kunnen factoren als trauma en stress een negatief effect hebben op testscores.

Het veranderende paradigma heeft tot gevolg dat we steeds meer zijn gaan kijken naar hoogbegaafdheid als extra intens en anders bedraad zijn, als een andere manier van waarnemen en verwerken van de vele prikkels die op ons afkomen. Hoogbegaafden kunnen zich bovendien op een hoog niveau onderdompelen in de onderwerpen die hun interesse hebben, om daar vervolgens heel kundig en vaardig in te worden, zich continu realiserend dat er nog veel meer te leren valt. Een hoogbegaafde die goed in zijn of haar (m/v/o) vel zit leert dan ook een leven lang door. De onderwerpen en vaardigheden waarvoor hoogbegaafden zich interesseren zijn enorm divers. Hoogbegaafdheid is een zijnswijze, maar de typische hoogbegaafde bestaat niet!

Ongeveer één op de vijftien hoogbegaafden is uitzonderlijk hoogbegaafd. De (leer)behoeften van uitzonderlijk hoogbegaafden zijn weer heel anders dan die van hoogbegaafden, zonder dat ik hierbij de indruk wil wekken dat er sprake is van een harde scheidslijn. Er is eerder sprake van een multidimensionale schaal waarbinnen zulke grote verschillen bestaan, dat afzonderlijke aandacht meer dan gerechtvaardigd is. Dit was voor mij de reden om ook met Stichting Hoogbegaafd! een community te faciliteren voor en door uitzonderlijk hoogbegaafden. Zowel ouders van uitzonderlijk hoogbegaafde kinderen als uitzonderlijk hoogbegaafde volwassenen, jongvolwassenen en jongeren kunnen er terecht voor peercontact. Op de website van Stichting Hoogbegaafd! schreef ik de volgende welkomsttekst:

"Uitzonderlijk hoogbegaafd zijn brengt een zijnswijze met zich mee, die zich doorgaans kenmerkt door een intens waarnemingsvermogen, het zien van patronen in een groter geheel, een onuitputtelijke drang naar het opdoen van nieuwe kennis en het vermogen om deze kennis toe te passen in een andere context bij wijze van transfer. Er is bovendien sprake van een heel groot abstraherend vermogen, waarmee buiten de gebaande paden denken de norm is. Het is vaak een enorme uitdaging om in bestaande systemen te passen, zoals het onderwijs (in veel gevallen zelfs het voltijds hoogbegaafdenonderwijs) en het bedrijfsleven (vooral in grotere bedrijven en instituten). De gehele ontwikkeling verloopt op alle leeftijden volkomen anders en asynchroon. Wie de kans krijgt, doorloopt als kind een (radicaal) versneld individueel onderwijstraject, toegespitst op specifieke eigen interesses. Op volwassen leeftijd leven bijzonder veel uitzonderlijk hoogbegaafden als ondernemer of kunstenaar. Ze banen zich een eigen weg. Dat kan eenzaam zijn. Vanwege hun zeldzaamheid is het niet eenvoudig om ontwikkelingsgelijken te treffen."

Peercontact met anderen die je begrijpen is zeker voor deze zeldzame groep mensen belangrijk. Ze zijn daar vaak echt naar op zoek en op deze manier wordt het wat makkelijker om andere uitzonderlijk hoogbegaafden te vinden.

Met haar programma's verzorgt Els een educatieve vorm van peercontact voor uitzonderlijk hoogbegaafde kinderen en jongeren in Vlaanderen. Zeker in Vlaanderen, maar gerust ook in het gehele Nederlandse taalgebied is Els met recht een pionier te noemen. Ik heb haar leren kennen als een integer persoon die zichzelf continu ontwikkelt en haar ervaring en expertise van harte inzet voor de jonge generatie uitzonderlijk hoogbegaafden.

Gedurende de laatste twintig jaar zijn er steeds meer boeken over hoogbegaafdheid gepubliceerd in Vlaanderen en Nederland. Deze boeken hebben de veelzijdigheid en diversiteit van hoogbegaafden goed onder woorden gebracht. Specifiek over uitzonderlijke hoogbegaafdheid is nog niet eerder een Nederlandstalig boek gepubliceerd. Je moet daarvoor naar de internationale literatuur kijken. Els heeft me om hulp gevraagd bij het verkrijgen van Engelstalige wetenschappelijke artikelen. Ze heeft zich daarnaast grondig verdiept in de Engelstalige boeken die hierover zijn gepubliceerd. Al met al zijn dit niet veel publicaties. Aangevuld met haar praktijkervaring heeft Els de moed gevonden om op de schouders van giganten te gaan staan en dit heel toegankelijke boek te publiceren. Hoewel dit boek vooral over uitzonderlijk hoogbegaafde kinderen gaat, raad ik ook (vermoedelijk) uitzonderlijk hoogbegaafde volwassenen aan om het te lezen.

Ik hoop dat je aan dit boek veel plezier zult beleven en dat het je inzichten brengt die van onschatbare waarde zijn bij de opvoeding en begeleiding van uitzonderlijk hoogbegaafde kinderen. Mocht daarvan sprake zijn, hoop ik dat het ook een vriendelijke blik zal werpen op je eigen uitzonderlijke begaafdheid.

Dr. Alice K. Burridge

Voorzitter van Stichting Hoogbegaafd! (stichtinghoogbegaafd.nl)

Eigenaar van Green Writing, duurzaam tekst-, vertaal- en social mediabureau (greenwriting.nl)

Inleiding

Het pad tussen rauw talent en verwezenlijkingen wordt betegeld met kansen op mislukken.

Deze zin moet zowat mijn korte jobomschrijving zijn. Een hele dag door geef ik uitzonderlijk hoogbegaafden de kans op mislukken. Waarom? Omdat ze dat nergens anders kunnen. Hoe kan je weten dat iemand een toren van twee meter kan bouwen, als er maar twintig blokken aanwezig zijn?

En dan krijg je de vraag: "Die uitzonderlijke hoogbegaafdheid, is dat nu écht zo anders?". Ja! En ook binnen uitzonderlijke hoogbegaafdheid is er nog een heel groot verschil.

Het doet wenkbrauwen fronsen wanneer ik dit zeg. Is het uitzonderlijke nog niet speciaal genoeg?

In dit boek wil ik jullie zo helder mogelijk uitleggen wat uitzonderlijke hoogbegaafdheid precies is. Hiervoor laat ik me inspireren door een hele reeks aan studies. Bovendien vertel ik ook graag vanuit mijn eigen opgebouwde expertise die ervoor zorgde dat ik voor jullie een theoretische minimum ontwikkelde, met enkele nieuwe inzichten vanuit de praktijk. De persoonlijke en vaak pakkende getuigenissen die ouders en jongeren speciaal voor dit boek neerschreven, zorgen ervoor dat je kan meekijken in het leven van deze ouders. Ouders die

(zelf) snel wisten wat er gaande was, maar ook ouders die jarenlang
ziekenhuizen afschuimden zonder één stap verder te staan.

> We wisten vrij snel dat onze meid niet zoals andere kinderen evolueerde. We wisten vrij snel dat ze HB was, de term UHB kwam pas bij onze intake bij jou boven. Thuis zocht ik op wat dit juist inhield en ben ik mij gaan inlezen en ja, dat was onze meid.

Deze getuigenissen vind je in zijn geheel in hoofdstuk 2 terug.
Fragmenten die het boek ondersteunen of verduidelijken worden
doorheen het boek zelf herhaald.

Ik gun je dezelfde ervaring als ouders in mijn praktijk: een gevoel van
herkenning, een gevoel dat zegt "dàt is het dus" en het besef dat je er
niet alleen voor staat.

HOOFDSTUK 1 - De slapende leeuw

Inleiding

In dit hoofdstuk laat ik je graag kennis maken met wat uitzonderlijke hoogbegaafdheid juist betekent. Om de rest van het boek te kunnen lezen, is het belangrijk dat we dezelfde taal spreken. Sommige begrippen hebben namelijk voor ieder van ons een andere invulling. Denk maar eenvoudig aan de geladenheid van de term 'hoogbegaafd': slim, snel, wijsneus, boekenwurm, dwarsligger, voorbeeldleerling, ... Om vanuit dezelfde definitie te starten, leg ik daarom al meteen enkele basisbegrippen uit en ontkracht ik enkele vaak voorkomende vooroordelen over (uitzonderlijke) hoogbegaafden.

In dit hoofdstuk vind je ook wat naar mijn ervaring het minimum is wat je moet weten over hoofdbegaafdheid: intensiteit, immersie, idealisme, asynchroniteit en ervaringsgebrek. Daarna gaan we verder met vooroordelen over het kind, de ouders en hun opvoedingsstijl. Maar eerst geef ik jullie graag een korte introductie met het verhaal "De slapende leeuw".

Intro - De slapende leeuw

"Zij dacht dat hij de vraag niet begreep. Het was zij die zijn antwoord niet begreep."

145+

Je kind heeft een IQ van 145+. Wat betekent dat, die 145? En waarvoor staat die '+'? Als je het zo ziet, zou je zeggen dat een IQ van 180 en 145 net hetzelfde is. Alsof je na een IQ-test te horen krijgt: "Mevrouw, uw kind heeft een IQ van 110 -". Het kan 80 zijn, of 108.

Je leest boeken over hoogbegaafdheid, maar voelt je toch net niet aangesproken. Ergens wringt het. Ergens is het toch anders. Je gaat naar school en bespreekt het met de zorg, met de leerkrachten. Ze stellen je gerust: "Wij hebben kangoeroeklassen en differentiatiemateriaal". De school wil wel, de school probeert, maar je kind gaat er niet op vooruit…

In het hoofd van je kind zit een leeuw.

Een leeuw die jaagt op kennis, wil genieten van de rijkheid van zijn omgeving, alles wil horen en zien en erkenning wil krijgen voor zijn capaciteiten.Vanbinnen zit er meer grootsheid dan wat je achter de schoolbanken ziet zitten.

Hij voelt zich niet uitgedaagd door een uurtje kangoeroeklas of het differentiatiemateriaal dat gemaakt is voor een gewoon hoogbegaafd kind.

Hij heeft een constante honger: leerhonger.

Hoeveel je ook aanbiedt, het lijkt amper genoeg. De hoeveelheden die hij verorbert, zijn enorm. Elk antwoord wordt gecounterd door vraag naar meer.

Complex=simpel.

Wat voor een ander complex lijkt, is voor hem evident. Hij begrijpt hoe hij het beste kan jagen: snelheid, ondergrond, hoek om te springen, hoe hard en waar hij moet bijten, … Hij vindt dat moeilijk uit te leggen. Dat is zijn natuur, dat is zijn normaal. Hoe leg je dat uit?

Te lang te weinig om handen maakt de leeuw lui.

De gazellen mogen voor zijn ogen staan dansen, hij zal niet bewegen. De leeuw heeft geen zin meer. Zijn intrinsieke leerhonger is weg. Hij is al te lang op dieet gezet.

"Wat wil jij nu (w)eten?"

Het simpele is complex voor hem. Hij is niet geboren om te aanvaarden dat dingen nu eenmaal zijn zoals ze zijn. Zijn hoofd is koning, zijn hoofd is baas, zijn hoofd wil weten. Na een lang dieet, is dat een moeilijke vraag: "wat wil jij nu (w)eten?"

Als hij in de spiegel kijkt, schrikt hij van wat hij ziet. Wie ben ik? Een kleine kat, of een grote leeuw?

Het vergt heel wat moed om terug te durven zijn wat hen op dit punt heeft gebracht en te hopen dat het nu anders zal zijn.

Het theoretische minimum van UHB volgens Talentvol: IIIA en ervaringsgebrek

1. Algemeen

Een van de meest voorkomende vragen in mijn praktijk is wat uitzonderlijke hoogbegaafdheid nu zo anders maakt. Is het 'slimmer' zijn, 'sneller' zijn of is het meer dan dat? En hoe leg je dit dan uit aan anderen?

Wanneer ouders meer willen weten over uitzonderlijke hoogbegaafdheid, kunnen ze niet anders dan zich te verdiepen in Engelstalige literatuur. In het Nederlands is er zeer weinig informatie beschikbaar over wàt nu precies het verschil is met hoogbegaafdheid. Er zijn wel verhalen te vinden over de zogenaamde 'wonderkinderen' die losjes overal doorvliegen, maar zo is hun kind toch niet? Hun kind loopt juist vast, gedraagt zich druk, asociaal, wil net niét leren op school, … Dat is toch helemaal niet het hoogbegaafde kind uit de verhalen?

Persson (2015) concludeert dat hoogbegaafden de wereld op een andere manier zien. Ook hersenonderzoek toont aan dat er wel degelijk iets bestaat als een 'hoogbegaafd brein'.

Doorheen mijn ervaringen heb ik een indeling gemaakt die tot doel heeft praktijk en theorie op een overzichtelijke manier te combineren. Net zoals Susskind het theoretische minimum opstelde voor fysica - wat moet je weten om te beginnen met natuurkunde - besloot ik een theoretisch minimum te maken over uitzonderlijke hoogbegaafdheid. Ik koos zeer bewust niet voor de traditionele checklist omdat men dan al te makkelijk vervalt in het "niet genoeg vakjes aangevinkt, dus niet uitzonderlijk hoogbegaafd".

In dit hoofdstuk lees je over de vijf domeinen waarop uitzonderlijke hoogbegaafdheid zich manifesteert. Het vijfde domein - ervaringsgebrek - is een domein waar tot nu toe maar weinig over terug te vinden is in de literatuur. Het sluit naar mijn mening echter nauw aan bij asynchroniteit, maar zorgt tegelijkertijd op zichzelf nog voor extra onbegrip in de omgeving én frustratie bij het kind. Daarom verdient het naar mijn aanvoelen een eigen plek in het theoretische minimum.

- Intensiteit

- Immersie

- Idealisme

- Asynchroniteit

- Ervaringsgebrek

5 DOMEINEN
• intensiteit
• immersie
• idealisme
• asynchroniteit
• ervaringsgebrek

2. Intensiteit

Intensiteit speelt zich op zowel het cognitieve als het emotionele vlak af (Sword, 2001). Deze emotionele intensiteit wordt nogal vaak over het hoofd gezien of beschouwd als kinderlijk gedrag, een reden om op school bijvoorbeeld versnellen als niet wenselijk te noemen.

Wat is die emotionele intensiteit precies? Het zijn de duiveluitdrijvingen wanneer je de haren van je dochter kamt of de enorme dramatiek wanneer je zoon 'maar' 9,5/10 scoorde terwijl hij echt wel op die 10 had gerekend. Het zijn onverklaarbare buik- en hoofdpijnen bij je kind, waarmee je al tig van ziekenhuizen hebt afgeschuimd. Het is het extreem verlegen gedrag, het plaatsvervangend schuldgevoel, het wekenlang doofstom spelen in de klas tot je kind alles een plaats heeft gegeven in z'n hoofd.

Voordat Charlotte 1 jaar was hadden we al opgemerkt dat ze de wereld anders bekeek dan andere kindjes. Op het peuterspeelpunt pakte ze speelgoed in haar handjes en draaide dit om en om. Het werd bestudeerd. Als we boekjes voorlazen was de concentratieboog enorm; ze slorpte duidelijk alle info in haar op. Ze wilde eerder dan haar leeftijdsgenootjes samen spelen. Maar daar schrokken vaak andere kindjes van. En daar schrok Charlotte dan weer van.

Toen Charlotte begon te praten ging dat snel. Ze dacht zo snel dat haar woorden haar gedachtegang niet konden bijbenen, waardoor ze vreselijk snel ging praten. Haar gedachten waren altijd al enkele zinnen verderop. We zijn naar een logopediste gegaan. Die had haar hoogbegaafdheid herkend en, nog belangrijker, erkend en hield zich ook niet in bij het gebruik van moeilijke termen. Integendeel zelfs.

Emma is op een doordeweekse dag als een sneltrein. Alles moet snel gaan. Van het tandenpoetsen tot het terugrijden van school met de step, ze is voortdurend in beweging. Alleen met een boek kan ze even tot rust komen. Dat is al zo sinds ze begon te lopen op de leeftijd van acht maanden. Zelfs tijdens het lezen wisselt ze om de paar minuten van houding.

In haar eerste levensmaanden ging onze aandacht vooral uit naar haar hyperprikkelbaarheid. Onze dochter reageerde enorm op prikkels/ stimuli uit de omgeving. Waar andere moeders met hun slapende baby in een kinderwagen rondwandelden zagen wij bij onze pas 1 maand oude baby haar handjes steeds naar boven klauwen. Pas toen zij op 6 maanden in de buggy mocht werd zij rustig: zij wilde de wereld zien. Zo ook in de auto. In de maxi-cosy huilde ze alleen maar. Eenmaal rechtop in een autostoeltje konden we (eindelijk) genieten van een rustige autorit.

Toen Charlotte naar de kleuterklas ging in België heb ik haar iets later laten starten dan op 2,5 jaar. Om ons heen waren mensen ongerust of ze hierdoor niet achterop zou lopen bij de andere kindjes. Charlotte kende op dat moment alle kleuren al - met nuances - en wist haar vormen/ figuren perfect te benoemen. Een gedicht van een A4-pagina lang kende zij nagenoeg na 2 keer voorlezen uit haar hoofd.

Ik maakte me om haar intelligentie dus niet druk. Maar wel om haar "overgevoeligheid" (en ook wisten wij dat Charlotte haar fysieke gezondheid niet geheel voorspoedig verliep).

Als zij thuis kwam uit school had ik een kind dat als een bijna obsessief iemand aan werkboekjes ging werken. Ze had dit duidelijk nodig om structuur en rust in haar bolletje te krijgen na een drukke en woelige dag op school.

In mijn praktijk merk ik dat ouders vaak eerst dit gedrag opmerken en het regelmatig aanleiding is om terecht te komen in het medische circuit, en dat pas (veel) later hoogbegaafdheid wordt vastgesteld. Meer nog: hoogbegaafdheid wordt nog vaak eerst door anderen opgemerkt, of pas ontdekt via de emotionele intensiteit die hen in een spiraal van onderzoeken en begeleidingen heeft doen belanden die het 'net niet' waren.

Emotionele intensiteit heeft ook zijn mooie kanten: het is ook je kind dat ontroerd geraakt door een mooi muziekstuk, dat geniet van een schilderij, dat zorg draagt voor broertjes en zusjes of je een knuffel geeft alsof z'n leven ervan afhangt.

Cognitieve intensiteit is wat we het snelst herkennen bij onaangepaste kinderen (en dat bedoel ik positief). Ze maken contact met de wereld en staan altijd 'aan'. (Vaivre-Douret, 2011) Het is nooit genoeg, het moet altijd meer en dieper gaan. De vragen stoppen niet en zijn bij veel kinderen de oorzaak van slaapproblemen. Zo ook de emotionele intensiteit. "Je denkt te veel na", hoor je dan ook vaak tegen hen zeggen. Maar dit is geen keuze van deze kinderen, zij vinden dit vaak zelf ook lastig. Ook bij hoogbegaafde tieners komen slaapproblemen dan ook vaak voor en wordt het eindeloze piekeren als lastig ervaren.

In discussies komt deze intensiteit zeer duidelijk naar voren en is ze vaak de bron van gebroken vriendschappen, misvattingen of sociale uitsluiting. Meestal zijn de kinderen zelf de laatsten om te beseffen waarom.

Alexander leerde op heel jonge leeftijd al heel snel goed te praten. Nog maar net negen maanden oud gebruikte hij al woorden als: ketting, lamp, papa, mama. Heel kort daarna ging hij al met twee woorden spreken.

Ongeveer 22 maanden oud kon hij al tellen tot 20. Met 2 jaar en 4 maanden kon hij al een groot aantal letters herkennen. Met 2 jaar en 6 maanden maakte hij puzzels van 20 stukjes ondersteboven met het plaatje naar beneden, omdat het anders te makkelijk was volgens hem.

Rond 3 jaar was hij al veel bezig met de dood. Iets waar hij het duidelijk ook moeilijk mee had. Op z'n 3 en een half jaar leerde hij zichzelf via YouTube in het Spaans, Duits, Frans, Engels, Japans, Russisch leren tellen. Naar deze filmpjes kon hij ontzettend lang kijken. Hij had een enorme concentratie dan.

Hij was al heel jong bezig met cijfers en vond dit heel interessant. Hij had een volwassen leesboek en ik vroeg wat hij daarmee deed. "Ik kijk naar de nummers van de bladzijden", zei hij. Op deze manier leerde hij tellen met sprongen.

Nog voor zijn 4de verjaardag kon hij verschillende maaltafels opzeggen tot 20 (bijvoorbeeld heel de tafel van 6 tot en met 20x6) en dat rekende hij zelf uit. Lezen kon hij vanaf dat hij net 4 jaar was. Hij leest nu avi 5 (eind tweede leerjaar) op 4 jaar en 10 maanden.

Rekenen gaat heel vlug. Hij begrijpt breuken, procenten, kommagetallen, delen, vermenigvuldigen, cijferen. Hij heeft bijna geen informatie nodig om dit te begrijpen.

Discussies in onze groepen kan je probleemloos uren laten doorgaan, en het gaat er regelmatig hard aan toe. Op momenten als deze primeert het inhoudelijke en niet het sociale. Deelnemers aan die gesprekken gaan op die momenten niet altijd liefdevol met elkaar om - dat is op dat moment tijdverkwisting - maar willen de waarheid achterhalen, denkfouten naar voren te halen en op onderzoek gaan.

Gesprekken met tieners

Je moet mij niet plezant vinden als wat je zegt klinkklare nonsens is. Dan mag ik dat toch zeggen? Dat is niet omdat ik mij beter voel, dat is omdat het gewoon niet klopt wat je zegt. Aanvaard het dan gewoon en doe verder met je nieuwe kennis. (14j.)

Voor hen is dat heel normaal. Deze diepgaande discussies scheppen voor hen een hechtere band. Het is een manier om elkaar echt te leren kennen voorbij banaliteiten als de lievelingskleur, hobby's en 'later-als-ik-groot-ben'. Hen op zulke momenten met sterke argumenten onderuit halen, is een manier om hun respect te krijgen. Het komt niet vaak voor dat ze ergens niet mee weg komen en mee redetwisten op hun niveau is een uitlaatklep en een grote stimulus.

In deze discussies zijn ze in staat om pijlsnel naar een abstract niveau te stijgen, om onderliggende principes te onderzoeken. In deze gesprekken kan je meestal 3 types deelnemers onderscheiden:

De moderator: hij neemt niet echt deel, maar staat boven de discussie en is bezig op meta-niveau.

De harde kern: ze hebben een mening en dat moet geweten zijn. Ze zijn de drijvende motor van het gesprek en gaan los door, want hoe is het nu mogelijk dat je het niet ziet?

De stille denker: die de gehoorde argumenten kauwt en herkauwt tot hij weet wat hij daarop wil zeggen, en dan in enkele woorden de helft van de discussie losjes van tafel veegt …

3. Immersie

Adam grasped concepts holistically and intuitively. Once he acquired the basic framework, he filled in the particulars.

From all that I have observed of it, immersion is the active bridge between early potential and the eventual mature realization of one's gifts and talents.
(Albert, R., 1994)

Immersie is jezelf onderdompelen in een bepaald domein. Jezelf onderdompelen en verliezen in een thema tot je àlles weet wat je wil weten, om het daarna even snel of makkelijk weer los te laten. Vergelijk het met een zoektocht op Google. Veel mensen blijven hangen op de eerste pagina, bij de eerste vijf hits, lezen een stukje lineair op Wikipedia en dat is het dan.

Immersie is integendeel doorklikken op Google ettelijke pagina's ver. Het is het openzetten van 53 tabbladen tot je computer er bijna op crasht en dan besluiten dat je het nu wel weet en even vlot je laptop weer toeklappen. Uitzonderlijke hoogbegaafden zijn op jonge leeftijd al in staat om op een (vrij) autodidactische manier kennis te verwerven.

Dat hen dit goed afgaat, en ze zich steeds dieper kunnen verliezen in een domein, ligt in hun natuur. Het is hun manier van leren, waardoor je al meteen een conflict voelt met het schoolse leren.

Grobman (2006), die decennialang psychotherapie verleende aan uitzonderlijk hoogbegaafde tieners, omschrijft die innerlijke drang als een verplichte natuurkracht. Wanneer ze toegeven aan die drang, lijken ze wel bezeten.

Probleemzoekers: Wanneer hoogbegaafden probleemoplossers zijn, kunnen uitzonderlijk hoogbegaafden net probleemzoekers genoemd worden. Dat wil zeggen dat voor hen een thema maar zelden afgerond is. Voor elk antwoord komt er minstens een nieuwe vraag, een nieuw probleem dat opgelost moet worden: 'Maar hoe zit het dààr dan mee?' Deze problemen kunnen ze ook efficiënter oplossen dan anderen. Ze hebben hier hun eigen strategieën voor. Complexiteit is wat hen drijft. Algemeen aanvaarde theorieën hoeven ook niet noodzakelijk aanvaard door hén te zijn (Persson, 2015).

Geïntegreerde denkers: Deze kinderen zijn in staat om zowel analytisch als synthetisch te denken. Gemiddeld begaafden zijn in staat om analytisch te denken: ze ontleden stapsgewijs een probleem om zo tot een resultaat te komen. Hoogbegaafden kunnen voornamelijk synthetisch denken: met denksprongen en tot resultaat komend door domeinen samen te voegen. Uitzonderlijk hoogbegaafden combineren beide. Zij kunnen inzoomen op de details, om deze dan in het grotere en soms hypothetische geheel te zien.

Creëren zelf de structuur: Het stapsgewijze onderwijs is bijgevolg heel tegendraads aan hun natuur. Ze maken denksprongen die ogenschijnlijk weinig met elkaar te maken hebben, om vervolgens alle puzzelstukjes met elkaar te laten passen. Pure chaos voor de ene (heeft ze ADD?), pure vanzelfsprekendheid voor henzelf.

[...]Emma legt die snelheid ook aan de dag voor het leren, soms kan de inhoud niet snel genoeg moeilijker en complexer worden. Erg veel schoolse opdrachten zijn niet diepgaand genoeg. Een spreekbeurt over een Belgische koning voorbereiden is een hels karwei, want het verschil tussen wat ze op school kan zeggen en alle vragen die er thuis gesteld worden -van de slag bij Waterloo tot het cijnskiesrecht via de Eerste Wereldoorlog en de Spaanse griep- is gigantisch. Frustratie alom bij het schoolwerk dus. Punten interesseren haar hoegenaamd niet want het heeft toch allemaal geen zin. Vanuit de school komt de opmerking dat ze niet laat zien wat ze kan.

4. Idealisme

"The root of excellence is perfectionism. It is the driving force in the personality that propels the individual toward higher and higher goals. There is a strong correlation between perfectionism and giftedness. I have yet to meet a gifted person who wasn't perfectionistic in some way." Linda Kreger Silverman, Perfectionism (uit: hoagiesgifted.org)

Een van de kenmerken van hoogbegaafdheid is perfectionisme. Het is méér dan het perfect willen doen. Meer dan enkel in de maat te passen, aan de regeltjes te voldoen of goede punten te halen.

Perfectionisme is een goed ingeburgerde term, idealisme is dat iets minder. Idealisme is ook moeilijker te omvatten. Het gaat om een idee.

In mijn praktijk zie ik vaak bij kinderen een andere drive dan je bij hun leeftijd verwacht. Deze kinderen hebben namelijk een zeer sterke innerlijke drijfveer om ook hun éigen idealen na te streven. Ze weten tegelijkertijd dat dit ideaal, welk ze zich perfect kunnen voorstellen, eigenlijk niet haalbaar is. Ze beseffen namelijk maar al te goed hoe de realiteit eruit ziet en ze zien het gapende gat tussen deze realiteit en hun ideaal.

Ik kan tussen twee verschillende werelden switchen. De echte en de ideale wereld.

Een uitzonderlijk hoogbegaafde wéét dat de perfectie niet haalbaar is. Hij ziet altijd wat beter kan. Hij ziet het bovenliggende probleem, het hogere streven. Op school uit zich dat als: de ideale leerling/dochter/zoon, alles weten, onzichtbaar zijn, behulpzaam zijn, nooit meer punten dan een vriend halen, … Naarmate deze kinderen ouder worden, evolueren hun ervaringen en hun wereld - en zijn bijgevolg ook hun idealen - heel anders.

There's also idealism with a lot of gifted people, where there's a sense of disparity between what we are and what we could be, and that disparity becomes the fuel for an inner self-becoming toward perfection. (Heylighen, 2007)

De kinderen moesten in groep een verkennend project maken over voor toekomstige huisvesting. Uit het eindresultaat bleek een grote discrepantie tussen hen en de andere groepen. De meeste ideeën baseerden zich op wat al bestond, waarna ze een stapje verder gingen. Hun idee daarentegen was pas ver in de toekomst toepasbaar.

Maar wat als het wél mogelijk is, was hun uitgangspunt. Hypothetisch. Alle "correcte" antwoorden werden overboord gegooid en het resultaat deed me denken aan "Black Mirror": een AI-achtige woning, die ik verre van onmogelijk acht voor het jaar 2040.

Het zorgde voor de nodige onzekerheid bij de kinderen, wat is er net gebeurd? Hebben we de opdracht verkeerd begrepen? Nee, zei ik, hebben jullie het nu begrepen wat uitzonderlijke hoogbegaafdheid is? Hun ideeën kunnen binnen de 5 jaar gebouwd worden, en die ideeën samen zorgen ervoor dat jouw systeem binnen 20 jaar wél mogelijk wordt. Het is een deel van het geheel dat jullie zien.

Altijd meer en beter, altijd zien hoe het zou moeten zijn en wat het 'maar' is, leidt vaak tot ontgoochelingen. Het leven in regels en normen proberen te steken en te merken dat er voor alles een hoop uitzonderingen zijn die maar weinig mensen kunnen verantwoorden … je zou van minder gefrustreerd worden. Cynisme is dan ook een welbekend wapen voor deze jongeren. Geschat wordt ook dat zo goed als elke uitzonderlijk hoogbegaafde in zijn leven minstens één existentiële depressie doormaakt.

This disappointment can lead to existential depression which is more common among gifted individuals and once experienced must be continually addressed. Depression doesn't always happen because a person is disillusioned with life, however there tends to be more existential issues in most depression cases. Depression in children and teens is more likely to be expressed as an irritable mood and angry temper outbursts. Boys may act out in ways like fighting, rudeness, restlessness, sulking and drug or alcohol abuse. Girls are more likely to become withdrawn and quiet. It can be difficult to identify depression in teens because early symptoms of underachievement, rebelliousness or irritability are attributed to other causes. Struggling with these types of existential issues can make the individual feel estranged from their peers, especially when they are met with reactions ranging from puzzlement and hostility. This is followed by conflict within themselves or those around them. This alienation can create social and emotional problems.
(Webb, 2013)

Deze kinderen voelen zich vaak bijzonder machteloos. Anderen bepalen hoe zij hun leven moeten leven, bepalen hoe ze zich voelen en wat ze daar aan zouden kunnen doen. Nog al te vaak wijzen volwassenen met de vinger naar het kind: 'Als je al je oefeningen maakt, krijg je moeilijkere oefeningen'; 'Je moet tonen wat je kan, anders kunnen wij je niet helpen'; 'Als je zulke vragen stelt, zoek je het wel een beetje om uitgelachen te worden' …

'Zie je wel dat het aan mij ligt? Ik pas er niet in' is dan ook een logische reactie van deze kinderen. Een belangrijke levensles voor hen is dan ook het volgende: waarom laat je het toe dat een ander over jou bepaalt of je normaal bent? En wie bepaalt wat 'normaal' is?

Beter is het wanneer een uitzonderlijk hoogbegaafd kind tijdig zélf
bepaalt wat zijn eigen normen en waarden zijn, ook al wijken deze af
van 'de norm' of van andermans verwachtingen. Zoals je misschien al
zelf hebt gemerkt, of gaandeweg dit boek zal ontdekken: de norm is
sowieso niet voor hen weggelegd. Er toch proberen aan te voldoen, is
enkel een bron van ontgoocheling en zelfontkenning.

.

Finn, 17j.

Ik weet niet meer of ik iets doe voor mezelf of omdat
het zo hoort. Ik hoor mezelf gewoon 'ja' zeggen, maar
eigenlijk wil ik dat niet. Ik wil ook anderen anderen
ontgoochelen. Ik vind het ook niet erg om het te
doen. Het is gewoon… ik zou het zelf niet kiezen.

*"Treating" the depression instead of trying to improve the environment is like
trying to stop a leaking roof by mopping the floor. Gifted children can also
experience "existential depression" when they become occupied with
questions of existence or become distressed by the gap between the perfect
world in their mind and the real world around them. (Probst, 2007)*

Na jarenlange zelfontkenning was het Finns 'taak' in de groep om eens te kijken naar wat hij wou als hij zou mogen kiezen. De afspraak was dat als hij 'ja' zei maar achteraf toch 'liever niet' dacht, hij dit mocht zeggen.

Zo geplooid naar de normen en verwachtingen van anderen, had hij altijd tijd nodig om te bedenken hoe je je eigen mening geeft in groep. Maar als hij iets zei, was het knallen in vijf woorden.

Hij had voor zichzelf een manier bedacht om zichzelf terug te leren kennen: wat als ik enkel nog doe wat ik wil en niet wat ik moet doen? Ik eet wanneer ik wil eten, slaap wanneer ik wil slapen, praat met mensen wanneer ik wil praten en anders zwijg ik gewoon.

Zo at of dronk hij urenlang niet. Hij had honger en dorst, maar de wil om te blijven liggen was sterker. Bij elke beweging die hij maakte, moest (excuseer, wou) hij zich dus afvragen: moet ik het of wil ik het?

Hij wil weten wat er dan gebeurt. Het is een interessante uitdaging om jezelf écht te leren kennen, als je je telkens moet afvragen: wil ik dit wel? Zoals het een uitzonderlijk hoogbegaafde betaamt, drijft hij ook dit zeer intens door.

Het wat als-continuüm

You see things, and you say "Why?", But I dream things that never were, and I say "Why not?" - Shaw (uit: Neville et al, 2017)

Dit idealisme, in combinatie met een imaginaire OE (overexcitability - zie bij het onderdeel over Dabrowksi), zorgt er naar mijn ervaring ook voor dat deze kinderen in staat zijn om de echte wereld en de imaginaire wereld als een continuüm te zien. Er is geen kloof tussen 'wat is' en 'wat als'. Ze voelen een behoefte, zien een punt dat de wereld beter zou maken en kunnen zich vlot een wereld inbeelden waarin deze 'als' al bestaat.

Doordat zij geen kloof ervaren - en dus geen obstakels omdat een bepaald iets nog niet bestaat - wordt de wereld van mogelijkheden plots veel groter. Wat als het wél al bestond ….

5.   Asynchroniteit

Giftedness is asynchronous development in which advanced cognitive abilities and heightened intensity combine to create inner experiences and awareness that are qualitatively different from the norm. This asynchrony increases with higher intellectual capacity. The uniqueness of the gifted renders them particularly vulnerable and requires modifications in parenting, teaching, and counseling in order for them to develop optimally. (Columbus Group, 1991)

Asynchroniteit is de mismatch tussen cognitieve, sociale en emotionele ontwikkeling. Hoe hoger je intellectuele capaciteiten, hoe hoger de asynchroniteit. Een kind kan zeer vergevorderd zijn in wiskunde, maar moeite hebben met leesvaardigheid of grove motoriek. Asynchroniteit is zo vaak voorkomend onder uitzonderlijk hoogbegaafden dat het in deze categorie als normaal beschouwd kan worden (Neville et al, 2017).

Het is hun persoonlijke vingerafdruk, die tot gevolg heeft dat elk kind anders benaderd moet worden wanneer er over differentiatie gesproken wordt. Er is geen standaardoplossing voor deze kinderen en er moet telkens bekeken en herbekeken worden wat elk kind nodig heeft. We merken dat, eens ze op niveau worden uitgedaagd, de sprongen gigantisch kunnen zijn.

6. Ervaringsgebrek

Doorheen alle gesprekken en activiteiten met kleuters, kinderen en jongeren, heb ik geleerd dat nog andere zaken voor een mismatch kunnen zorgen in de traditionele schoolloopbaan, niet enkel asynchroniteit. Ik noem dat hier 'gebrek aan ervaringen'. Er zijn binnen dit veld 2 vormen op te merken: ervaringsgebrek door leeftijd of door kansen.

Ervaringsgebrek door leeftijd

Bij een ervaringsgebrek door leeftijd heeft een kind een verhoogd bewustzijn van de wereld om zich: het theoretisch vatten van wat bv. oorlog is, data en aantal doden en gewonden, gebruikte strategieën, … Tegelijkertijd missen ze door hun jonge leeftijd echter de ervaring om hier adequaat mee om te gaan. Dat zorgt vaak voor behoorlijk wat frustratie en onzekerheid over zichzelf.

Of al deze maatregelen voldoende gaan zijn? Wij gaan er vanuit van niet. We merken bij alles op dat Charlotte zeer matuur is voor haar leeftijd en daardoor ook moeilijker aansluiting vindt bij haar (uitzonderlijk) hoogbegaafde leeftijdsgenootjes. Ze redeneert als een volwassene en heeft een extreme verantwoordelijkheidszin. Dat maakt het moeilijk voor haar om zich aan te sluiten en zich geheel goed te voelen bij haar leeftijdsgenoten.

Op dit moment merken wij op dat Charlotte zich het beste voelt bij kinderen die ouder zijn dan zij, bijvoorbeeld in de leeftijd van 12-13 jaar of zelfs bij volwassenen - ze is nu vijf. Toen wij een daguitstap maakten met een hoogbegaafde jongen van 13 jaar hadden zij samen diepgaande gesprekken over onderwerpen zoals het heelal en het mesozoïcum-tijdperk.

Maar al deze maatregelen leiden wel tot een betere toekomst voor Charlotte en we zullen er zeker meer moeten nemen in de toekomst om haar welzijn te garanderen.

Complexe weetjes die ze in de klasgroep gooien, kunnen door een leerkracht echter ontkend worden, omdat de andere kinderen in de klas het niet snappen of omdat het voor ongerustheid zou zorgen. Uitspraken als "daar ben jij nog te jong voor", "je moet je dat niet aantrekken", "dat klopt niet", zonder verdere uitleg, leggen echter - onbewust - het schuldgevoel bij het kind. Het is belangrijk dat we als volwassenen in ons achterhoofd houden dat hoogbegaafde kinderen er niet voor kiezen om zo te zijn.

Ervaringsgebrek door kansen

Het pad tussen rauw talent en verwezenlijkingen wordt betegeld met kansen op mislukken.

Een andere asynchroniteit, die vaak eerder als een probleem dan als een scheefgroei wordt gezien, is de kloof tussen rauw talent en verwezenlijkingen. Hun talent heeft steeds als een vanzelfsprekendheid voor verwezenlijkingen gezorgd, zonder een pad daartussenin. Om dit pad te zien, moet je voldoende kansen krijgen om ook minder aangename ervaringen op te doen. Inderdaad, ook dit moeten we hen gunnen. Deze kloof wordt groter door de jaren heen, zonder een vangnet van frustratietolerantie en zelfdiscipline (Grobman, 2006).

Ik benoem dit opnieuw als een gebrek aan ervaring, ditmaal niet door hun jonge leeftijd, maar door hun gebrek aan kansen. Het is wel degelijk een scheefgroei: het ontstaat niet zomaar, maar is een opstapeling door de jaren heen waarbij zij door een gebrek aan kansen van kleins af aan gewend zijn geraakt aan onmiddellijk succes.

De focus dreigt daarbovenop ook te hard op het intellectuele aspect te komen. De kloof dichten, betekent hen ook leren om te gaan met hun emoties. Kinderen die enkel en alleen input krijgen op hun intellectuele kant, wòrden ook enkel en alleen hun intellectuele kant. 'And we narrowed them down to that' - wij hebben hen tot dat verengd.

Het is belangrijk dat deze kinderen correcte feedback krijgen op hun denkprocessen, waarbij je hun intellectuele capaciteiten niet onderschat maar tegelijkertijd ook hun emotionele rijpheid niet overschat.

Jesse was gefascineerd door het heelal op kleuterleeftijd. Het waren haar verhaaltjes voor het slapengaan. Tot de interesse plots stopte en ze er niks meer over wou horen. Ze hadden het gehad over de uitdeining van het heelal, en dat het heelal na een hele lange tijd waarschijnlijk niet meer gaat bestaan.

Hoewel papa er duidelijk had bijgezegd dat dit pas over misschien honderdduizenden jaren zou gebeuren, was ze ontroostbaar: wij gaan allemaal dood! "Over honderdduizenden jaren" vatte ze nog niet en de geruststelling betekende dus niks voor haar. Het had even goed morgen kunnen gebeuren.

Iedereen gaat ervan uit dat ze er wel komt en dat zij zich moet leren aanpassen aan de maatschappij. Louise is net 6 jaar, ze moet plezier hebben in leren, aanpassen aan de maatschappij heeft ze later nog tijd genoeg voor. Deze kinderen leren razendsnel op hun eigen manier, je kan hen alleen maar ondersteunen in hun leerproces. Hen sturen lukt volgens mij minder of helemaal niet.

Na een eerste versnelling als kleuter liep Anna op vijf jaar in het eerste leerjaar weer tegen een hoop problemen aan. Het klastempo was veel te traag, er werd geen uitbreiding geboden want ze was immers toch al versneld. De directrice beweerde doodleuk dat ze zich maar moest aanpassen aan de anderen en aan het programma.

Gelukkig zorgde de juf Engels voor een lichtpuntje. Zij moedigde Anna aan om door te zetten en om te leren op haar snelheid en haar niveau.

Waarom uitzonderlijk hoogbegaafd?

1.   Vroeger ging het toch ook?

Vroeger was alles beter. Het is een aanname - al dan niet uitgesproken - die ik nog regelmatig tegenkom. Geblindeerd door melancholie durven we dat nogal vaak voor waar aannemen. Want: "In mijn tijd waren er allemaal die voordelen niet, en ik ben er ook geraakt. Toen waren er ook genieën, die zijn er ook geraakt. Ze moeten wat harder worden, ze moeten later ook meedraaien in de maatschappij."

Laten we die uitspraak even opsplitsen.

In mijn tijd waren er allemaal die voordelen niet, en ik ben er ook geraakt. Toen waren er ook genieën, die zijn er ook geraakt.

Als we kijken naar de geschiedenis, zien we enkel hen die het vermelden waard zijn. Dat zijn de 'prodigies', de wonderkinderen, de intellectuelen die er geraakt zijn door goede zorg, goede opleiding, extreem doorzettingsvermogen, goed geluk of karma. De kinderen met hetzelfde potentieel die niét hetzelfde geluk hadden, géén toegang hadden tot datgene waar hun talenten lagen, of die te druk bezig waren met overleven, die kinderen zijn geen plaats in onze geschiedenis waardig (Tolan, 1992).

Met andere woorden: we zullen nooit weten of we van Einstein gehoord hadden, was hij gewoon op school blijven zitten, of we Mozart hadden leren kennen als zijn vader hem geen piano onder zijn vingers had geduwd en de wereld met hem had rondgereisd.

Om te weten of het vroeger ook goed ging, moeten we ook die àndere kinderen bekijken, om zo ook nog beter te leren wat er niet werkt. Of waren er vroeger dan bijna uitsluitend mannelijke, welgestelde wonderkinderen?

Over welke maatschappij praten we dan? Er zijn maar weinig omgevingen waarin mensen met verschillende opleidingsniveau's met elkaar samenzitten. Al vrij snel - en in de ene cultuur sneller dan de andere - worden kinderen opgesplitst: de handarbeiders, de denkers, de uitvoerders, … Hoe ouder ze worden, hoe verder ze worden uitgesplitst. Zij die wel en niet gaan verder studeren. Zij die op de universiteit blijven, zij die het werkveld gaan verkennen. Hoe langer hoe meer komen mensen hierdoor tussen ontwikkelingsgelijken te zitten en wordt de maatschappij waarin ze meedraaien meer en meer bepaald.

Ergens gaan we er nog steeds vanuit dat een kind 'hard' wordt door het niet te geven wat het nodig heeft. Het tegendeel is echter waar: kinderen die onderbevraagd worden, krijgen minder leer- en groeikansen. Daniels en Meckstroth (2008) vergelijken het met een topsporter op een dieet van 1000 calorieën per dag te zetten. Deze calorieën zijn prima wanneer je op een strikt dieet wil gaan, maar verre van ideaal voor een topsporter die rijke en gevarieerde maaltijden nodig heeft. Het continue lage niveau zorgt bovendien voor de verwachting dat elke opdracht tot succes leidt. Dit werkt perfectionistisch gedrag in de hand (ik hoor 10'en te halen als 'slimme') of werkt als een vorm van uitdaging voor zichzelf (een artificiële beloning voor een repetitieve taak), … (Daniels et al, 2008).

2. In het donker zijn alle katten grijs

Wanneer je in het donker een grote nest katten probeert te sorteren op kleur, is dat best bijzonder moeilijk. In het donker zie je niet zoveel. Hetzelfde met onze kinderen. Het is moeilijk om onze kinderen optimaal te beoordelen in een niet-aangepaste omgeving. Hoe kan je weten waar een kind echt toe in staat is wanneer er maar een beperkt aantal materialen voorhanden zijn? Hoe kan je weten dat iemand een toren van twee meter kan bouwen, als er maar twintig blokken aanwezig zijn?

> Na de eerste maand ging het zachtjes aan bergaf. Anna leed onder haar fixed mindset, en probeerde zich wanhopig te conformeren aan de manier van werken van de andere leerlingen van het tweede leerjaar. Op een gegeven moment ging ze zelfs terug hakkend lezen omdat de anderen dat deden.

Meerdere studies tonen ondertussen het belang van mentorschap aan bij uitzonderlijk hoogbegaafde kinderen. Zo steek je als het ware het licht aan in de kamer en kan je het verschil zien. Dan pas kan je zien waar deze kinderen toe in staat zijn. Dan pas kan je hen de weg wijzen. Mentorschap kan zowel op één of meerdere vakgebieden betrekking hebben, maar kan eveneens een mentor van het leven zijn.

Mijn doel is niet de methode te onderwijzen die iedereen dient te volgen om zijn verstand te leiden, maar alleen om te onthullen hoe ik heb getracht mijn eigen verstand te leiden. - René Descartes

Ook Ricca (1984) raadt bij hoogbegaafde kinderen werken met mentors aan. Onafhankelijk studeren, individueel (niet alleen!) en zonder externe motivatie ligt deze kinderen dan ook het beste. De motivatie komt namelijk vanuit henzelf.

Het belang van mentorschap heb ik aan den lijve mogen ondervinden in mijn dagtrajecten. Ik ben er aanvankelijk foutief vanuit gegaan dat het mijn rol bij deze tieners was om hen samen te brengen en hen een uitgebreid cognitief aanbod te geven. Ook dat was voor hen waardevol, maar de gesprekken die ik met hen had, mijn ervaringen, adviezen en gedachten bleken voor hen een veel grotere - bij sommige zelfs de enige - motivator te zijn om elke keer weer veel-te-vroeg uit bed te komen. Hoewel ik er vaak van 'beticht' wordt een moeilijke te zijn in mijn vraagstelling, merk ik dat ook bij de jongere kinderen het de Talentvol-trajecten zijn waar ze de hele week naar uitkijken.

Hun potentieel heeft een voedingsbodem nodig, een rijke bodem waar ze hun zaadje in kunnen planten die hen uitdaagt om hoger te groeien en hun wortels breed uit te zetten. De provocatieve gedachten, het ondermijnen van uitgeholde frasen, waarden en normen, het 'moeilijk doen', maakt hun ware ik wakker. Deze voedingsbodem past bij hen en hierdoor kunnen zij groeien.

Voor elk kind ben ik een andere mentor. De ene heeft een volwassen gesprekspartner nodig of een cheerleader aan de zijlijn, de ander vraagt eerder een kadering van hoe het leven in elkaar zit. Voor sommigen - en dat meestal in de eerste fase van intense begeleiding -

ben ik echter een regelrechte boksbal, die - tot spijt van hun sadistische vriend - altijd netjes terugveert.

In de volgende fase ben ik dan weer regelmatig een containerpark waar ze al hun onderliggende frustraties kunnen dumpen. En tegelijkertijd ben ik ook vaak de proefmuis om hun manipulatietechnieken op uit te proberen, een pseudo-Socrates die de waarheid in pacht heeft (bron van ontgoocheling) of de rechtvaardige rechter (nog grotere ontgoocheling).

Maar ondanks alles- en misschien nog het belangrijkste van allemaal-
ben ik zeer moeilijk te ontgoochelen of op stang te jagen.

   -Ik heb niks te zeggen tegen jou

   -Dat is niks, ze zeggen altijd dat ik praat heb voor twee

We proberen bij de tieners in de eerste plaats mogelijke conflicten
humoristisch te counteren. Conflicten bevestigen namelijk enkel hun
sadistische vriend in zijn grote gelijk.

In de Talentvol-groepen bestaat een regel die hoog in het vaandel
wordt gedragen en die zelfs vaak zelfcorrigerend wordt toegepast: er
wordt niet gelogen! Met leugens redt je jezelf namelijk niet.
Bovendien haal je er niets mee uit het traject dat we samen
doorlopen. Heb je niks van je werk gedaan? Ben je in een rothumeur
of ben je me beu gezien? Kan gebeuren, we hebben allemaal van die
dagen.

   -(puberende tiener) Meen je dat nu, Els? Zit ik weer een ganse dag
met u opgescheept?

   -Echt he? Ik dacht vanmorgen juist hetzelfde toen ik in de spiegel
keek.

3.   Waarom zouden ze?

De maatschappij verlangt veel van ons, maar doordat wij weten wat er kan, verlangen wij veel van hen. En elke keer opnieuw merk je dat dat blijkbaar altijd té veel is wat we van hen verlangen. Dat voelt scheef.

Doorheen al mijn ervaringen met deze kinderen, van kleuter tot puber, is er één cruciale vraag die ik mezelf verplicht heb leren stellen: waarom zouden ze?

Vaak gaan we er van uit dat wat wij bieden automatisch oké is voor hen. Nieuw is leuk, en er staat bij 'voor pientere kids', toch?

Bij alles wat je hen aanreikt, alles wat je van plan bent, moet je jezelf echter deze vraag stellen: waarom zouden ze? Het is niet omdat het in je jaarplan past, omdat het in je kast lag, omdat jij het supertof materiaal vindt en er hippe plaatjes bijstaan, dat zij het daardoor ook fantastisch vinden. En het is zéker niet omdat je leerling er niet over kon zwijgen in september, dat hij er nog altijd door geobsedeerd is in oktober.

Wanneer je verrijking aanbiedt, ga je bij hoogbegaafden vaak de inhoud complexer maken. Bij verrijking voor uitzonderlijk hoogbegaafden komt de inhoud echter op de tweede plaats…

Hoezo…?

Studies tonen aan dat uitzonderlijk hoogbegaafden graag zelfstandig leren, maar wel graag nog instructies hebben (Ricca, 1984). Peer learning - leren van en met elkaar - is dan weer iets wat hen niet ligt.

Wanneer je een uitzonderlijk hoogbegaafd kind begeleidt, ben je ook niet langer leerkracht. Slik vooral je ego in, je bent al lang de slimste in het lokaal niet meer. Ben je dat wel, dan zal je leeggezogen worden tot je er bij neervalt.

De rol van een leerkracht bij uitzonderlijk hoogbegaafden wordt veel sneller een facilitator en mentor dan louter een leerkracht in de traditionele betekenis van het woord. De illusie dat een leerkracht alles weet of op zijn minst alles kan uitleggen, kan dan ook maar beter snel doorprikt worden. Dit accepteren en er samen tegenaan gaan, zullen beide partijen veel langer volhouden en zal beslist een betere en langdurige band scheppen.

Eens je deze nieuwe verhouding aanvaardt, de grote leeuw binnenin ziet en niet langer het kleine katje aan de buitenkant, is het uiterst aangenaam werken met een uitzonderlijk hoogbegaafd kind. Dat kind wil leren! Je zal een grote dankbaarheid, een brutale eerlijkheid en een rijkheid van leven ervaren.

Als begeleider is het jouw taak om je af te vragen welke doelen je wil bereiken met dit kind. Deze doelen zijn niet dezelfde als de traditionele leerdoelen. Door de jaren heen is hun voorsprong een achterstand geworden binnen het schoolse systeem. Hun asynchroniteit en hun divergent denken zorgen ervoor dat ze nooit leerden doorzetten, dat ze antwoorden 'zien' maar deze niet stapsgewijs kunnen opbouwen, dat ze niet weten hoe plannen te maken en vaak moeite hebben met studeren en falen. Het terug opbouwen van al deze facetten en het leren gebruik maken van hun autodidactische kant, dàt zijn de doelen voor deze kinderen. Deze mogen, neen moéten expliciet gemaakt worden, aangezien het hen inzicht geeft in hun eigen leerproces. Het geeft hen erkenning in hun manier van zijn. Dat is het proces dat we samen gaan doorlopen. Met welke inhoud gaan we dat doen? Het is belangrijk dat je dit samen met hen bespreekt.

In dit materiaal hoeft geen strakke structuur (Ricca, 1984) te zitten. Uitzonderlijk hoogbegaafden zijn in staat deze zelf te vinden, en vinden het zelfs aangenaam dat een thema meerdere domeinen omhelst.

Mensen in de omgeving hebben geen idee wat uitzonderlijk hoogbegaafd inhoudt. School schrok zich rot toen we filmpjes lieten zien, terwijl ik al wel had verteld wat Alexander thuis deed. Maar pas toen ze het zagen begrepen ze het pas echt.

Misschien denken mensen dat wij de hele dag met hem oefenen, maar dit is helemaal niet zo. Hij leert echt gewoon heel snel en vanzelf. Wat hij niet leuk vindt doet hij ook niet. Zoals schrijven: zijn motoriek ligt niet voor.

Alexander is thuis een zeer druk intens kind wat veel aandacht vraagt. Hij wil graag begrepen worden en als je hem met niet genoeg geduld benadert wordt hij boos en roept hij hard. Hij speelt niet gewoon uit zichzelf. Hij wil enkel ingewikkelde gezelschapsspellen doen zoals Stratego (volwassen versie).

Een overzichtje van enkele van de vaardigheden waar wij aan werken:

- De opdracht goed lezen

- Hulp durven vragen

- Eerst zelf proberen, dan pas hulp vragen

- Joepie! Ik heb een fout gemaakt

- Fantastisch! Ik begreep iets niet

- Een tijdsschema maken (en durven bijstellen)

- Een studietechniek zoeken die voor mij werkt

- Opzoekwerk verrichten

- Mij aan de hoofdzaak houden

- Een taak afwerken

- Mijn werk nakijken

- Doorwerken (en straks de plafondtegels tellen)

- Een taak afgeven die 'goed genoeg' is

- Is het wat de leerkracht verwacht of wat ik denk dat het moet zijn?

- Dit heb ik over mezelf geleerd:

- Dit vraag ik mezelf nog af:

- Dit zou ik anders doen:

4. Een UHB-kind is niet gemakkelijk

> Hij zat er met de armen gekruist, blik naar beneden. "Weer een die het denkt te weten", moet hij gedacht hebben. Ik deed mijn uitleg, en gaf mijn visie van de IQ-test en analyse die over hem gemaakt werd. Ik merkte dat hij meeluisterde. Voor mij was dat voldoende. Ik vroeg of hij vragen had voor mij. Dat wordt namelijk vaak vergeten, dat ook zij vragen hebben over zichzelf. Heel veel vragen zelfs.
>
> "Els, ben ik nu gek of heel slim? "

Makkelijk toch, zo een hoogbegaafd kind? Denk je? De realiteit is dat ouders van een hoogbegaafd kind vaak niet durven meepraten aan de schoolpoort of aan de familietafel. Uit schrik om stoeferig over te komen. Of omdat anderen vinden dat zij geen reden tot klagen hebben met zo'n kind. Problemen hebben deze ouders zelf gezocht, ze hebben hun kind gepusht. Of neen: ze zouden het beter wat méér pushen. Of straffen, 'hij zoekt aandacht', 'hij is er toch door!', … Bij hen zou het allemaal niet waar zijn, hoor. ..

Up en downs? Minpunten: Ze heeft niet leren leren. Ze heeft een turbo die ze niet heeft leren gebruiken. Ze begrijpt echt niet hoe anderen beredeneren, leren en gelooft dat ze het niet kan. Huiswerk maken was een ramp. Op de lagere school deed ze altijd alsof ze het niet kon en kopieerde ze de fouten van anderen. Ze dacht dat het zo hoorde. Dat geen enkele leerkracht beseft wat de capaciteit is van zo'n kind, eigenlijk niemand. Pluspunt: Ze heeft vrienden. Ze komt mij alles vertellen.

Elk schooljaar opnieuw is een uitdaging en moeten we knokken. Ik heb geen idee hoe ik het beter had kunnen doen. Misschien de leerkrachten er meer op aanspreken? Dit is echter enorm moeilijk wanneer ze er niks van begrijpen.

Ik heb altijd het gevoel gehad dat ik als ouder er helemaal alleen voor stond. Ik heb alle beslissingen zelf moeten nemen. Onze problemen werden nooit begrepen. Wat ik erg vind is dat het CLB 11 jaar geleden had gezegd dat er geen gepaste oplossing is voor Sophie en nu 11 jaar later staan we geen stap verder.

Louise nam deel aan externe plusklas, dit jaar aan een time-out project en aan verschillende externe hobby's. Dit schooljaar bleek het onvoldoende, elk schooljaar kwijnt ze vanaf de herfstvakantie stilletjes weg en is met kerst het hek volledig van de dam.

De realiteit is dat ouders van uitzonderlijk hoogbegaafde kinderen eigenlijk gewoon continu op de toppen van hun tenen staan (Grobman, 2006). Een goede balans vinden tussen inspelen op de noden van je kind en je eigen rust bewaren, is geen makkelijke oefening. Ouders leren ook al doende wat het betekent om een uitzonderlijk hoogbegaafd kind te hebben (Daniels et al, 2008).

I know what my child needs. She needs a new family, there just isn't enough of me to go around." (uit: Daniels et al, 2008).

In Vlaanderen is er weinig tot geen kennis of begeleiding voorhanden.

De cynische blikken van sommige kinderen bij de intake verraden dan ook het ellenlange traject dat ze met mama en papa al hebben doorlopen: 'Hier gaan we weer. Weer zo eentje die mij denkt te begrijpen.'

Het is ook elk jaar afwachten hoe de begeleiding op school zal zijn. Of er een goede klik zal zijn met de leerkracht. Het is telkens weer zoeken welke activiteiten je kan doen met je kind. Het vraagt daarnaast tonnen energie om de asynchroniteit van deze kinderen op te vangen, hoewel hun intensiteit ook vaak vele mooie momenten met zich meebrengt.

5. Aanpassingen voor een hoogbegaafd kind zijn niet toereikend voor een UHB-kind

Als we onthouden uit hoofdstuk 1 dat deze kinderen intens zijn, houden van immersie, zich asynchroon en autodidactisch ontwikkelen en denken vanuit idealisme, kom je als begeleider al snel tot de conclusie dat het gemiddelde verrijkingsmateriaal niet voldoende aansluit bij deze kinderen.

> Zo heeft Sophie de derde kleuterklas mogen overslaan. Ze keek er zo naar uit om naar het eerste leerjaar te mogen. Eenmaal zover viel het zwaar tegen, want de kinderen daar waren ouder maar konden niks. Ze ging niet meer graag naar school. Thuis kon ze al veel meer dan haar zus die 2 jaar ouder is. Op een gegeven moment werd er beslist dat ze het tweede leerjaar mocht overslaan. Deze maatregelen waren zeker niet voldoende, maar waren van de alle mogelijke oplossingen de minst ongepaste.

Het divergente denkniveau waarop zij zich continu bevinden en waardoor zij continu over vakdomeinen heen denken, zorgt ervoor dat verrijkingsmateriaal al snel als eng, langdradig en beperkend aanvoelt. Ze doorprikken met gemak het strikje rond het materiaal. Het mag allemaal sneller, abstracter en méér zijn. Ze willen ook meer vrijheid in de opdrachten die ze krijgen, zodat ze er hun eigen ding mee kunnen doen.

Leerkrachten echter hebben graag afronding: een Powerpoint, een verslag of een andere vorm van verwerking als bewijs dat de kinderen het begrepen hebben. Voor 'standaard' kinderen is dit een nodige vorm van herhaling: een overzichtelijke samenvatting om nog een laatste maal de verbanden te leggen tussen de leerstof en te tonen dat je inzicht hebt.

Het gros van de uitzonderlijk hoogbegaafden wandelt echter nog liever achterwaarts naar Santiago de Compostela dan deze 'overbodige' herhaling er bij te nemen. In hun hoofd zitten ze al halverwege het volgende project. Ze weten nu wat ze wilden weten, op naar het volgende. Net daarom reiken de trajecten bij Talentvol over meer dan één namiddag: hierdoor kunnen we zeer diep ingaan op een thema en werken we met intense deadlines voor relatief open opdrachten. Afgerond is echter afgerond. Samenwerken is niet verplicht, maar gebeurt zoals in een bedrijf: de opdracht wordt onder verschillende mensen verdeeld, zo niet lukt het niet om op tijd klaar te raken.

Wil je als leerkracht toch absoluut een afrondende opdracht, laat hen deze dan tijdens de leerfase zelf maken.

6.   Een evenwichtig kind

Wanneer ouders en leerkrachten geloven dat het hun rol is om het leven van deze kinderen te managen, te controleren en vorm te geven, kan dit schadelijk zijn. Deze kinderen hebben vanuit hun eigen perfectionisme vaak een "prove or lose"-mentaliteit. Zij bewegen zich doorheen een dunne comfortzone waarin ze kunnen genieten en trots zijn op wat ze doen, maar steeds ook de beste moeten zijn ten opzichte van zichzelf of anderen. Het "bewijzen dat je hoogbegaafd bent" zit er dan hard ingebakken (Kline & Meckstroth, 1985).

Continu en enkel toegeven aan het intellectuele aspect zorgt ervoor dat een kind zijn zelfbeeld gaat vasthangen aan enkel zijn intellectuele prestaties, en niet aan wie hij is als persoon. Gibello noemt dat cognitieve disharmonie. Het is zoeken naar een vaak dun evenwicht tussen de intellectuele honger, het fysieke en het creatieve aspect van een kind (Vaivre-Douret, 2011).

7.   Het kind is meer dan zijn intelligentie

Een uitzonderlijk hoogbegaafd kind is niet noodzakelijk een hoogpresterend kind. Dat wil zeggen: wanneer we hoogbegaafdheid enkel gaan beoordelen op wat het kind uit of op wat het presteert, blijven er veel kinderen onder de radar hangen.

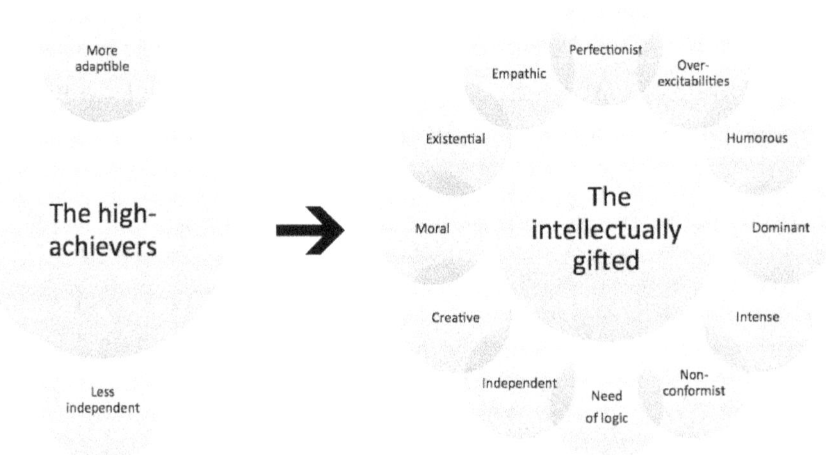

Dynamisch onderscheid tussen hoogpresterend en hoogbegaafd kind naar persoonlijkheid en intensiteit. Uit: Persson, 2015.

Bovenstaande figuur toont dat een hoogbegaafd kind hoogpresterend kan zijn, maar dat niet elk hoogpresterend kind noodzakelijk hoogbegaafd hoeft te zijn. Een hoogpresterend kind past zich makkelijk aan de omgeving aan en is minder onafhankelijk, dat wil zeggen: het kind heeft meer begeleiding nodig. Bovendien ontbreekt het hem aan meerdere kenmerken van een hoogbegaafd kind (Persson, 2015). Je ziet dat intelligentie maar één factor is van hoogbegaafdheid.

Een kind - hoe intelligent ook - is méér dan enkel zijn intelligentie of zijn prestaties. Dit aspect wordt bij begeleiding jammer genoeg nogal eens over het hoofd gezien.

Uitzonderlijk hoogbegaafden voelen vaak de druk van de omgeving. Ze ontwikkelen hierdoor de nood om buitengewoon intelligent, perfect of slim te zijn, en de wens om uitzonderlijk creatief of uniek te zijn, wat zich kan vertalen in nonconformisme.

Het is belangrijk dat ze leren herkennen en benoemen dat er een verschil is tussen eigenwaarde en realisaties (Kline & Meckstroth, 1985). Een stommiteit begaan, maakt je niet stom. Het is dus niet omdat je gefaald hebt, dat je plots 'niets meer waard' bent.

Wanneer ze het gevoel hebben dat er te veel verwacht wordt, kunnen ze zich terugtrekken in hun eigen wereld. Waarom zouden ze tonen wat ze kunnen?, is een belangrijke vraag om als begeleider te stellen. Onderpresteren is een populair camouflagemiddel (Fakolade & Archibong, 2013).

Hoogbegaafde kinderen maken zich een vorm van stress eigen doordat ze snel aanvoelen dat anderen hen om hun ideeën en verwezenlijkingen bewonderen. Ze voelen de druk om te presteren en worden na bepaalde tijd ook afhankelijk van deze lofuitingen en externe bekrachtigingen van anderen (Fakolade & Archibong, 2013). Het is een van de redenen waarom in de Talentvol-trajecten geen

formele feedback van of aan de kinderen wordt gegeven.
Bekrachtiging moet uit henzelf komen.

Evenmin als de wereld een knieval voor hun prestaties moet doen,
moeten zij wereldvermaarde prestaties leveren enkel en alleen omdat
ze (uitzonderlijk) hoogbegaafd zijn. Sommige zaken mogen ook
gewoon 'goed genoeg' zijn. Een kind is een geheel van aspecten, met
goede en minder aangename kanten. Een prestatie zegt iets over het
product en het proces, maar niets over het kind zelf.

Besluit

Het is je in dit hoofdstuk waarschijnlijk opgevallen dat er maar weinig over pure intelligentie wordt gesproken bij de definiëring van uitzonderlijke hoogbegaafdheid. Willen we deze kinderen tot bloei laten komen, dan zal er verder moeten gekeken worden dan enkel naar intelligentie.

Het theoretische minimum biedt hiervoor een kader, opdat je ten volle kan kijken naar hoe het kind in elkaar zit en wat het nodig heeft. Bij de begeleiding van een uitzonderlijk hoogbegaafd kind is het essentieel dat je de intensiteit, de nood aan immersie (en autodidactisch leren), het idealisme en denken vanuit een wat als-continuüm mee in rekening brengt. En tenslotte is het uiterst van belang dat zij voldoende kansen krijgen om de juiste ervaringen op te doen - ongeacht hun leeftijd.

Al deze noden reiken dus heel wat verder dan louter intellectuele input.

HOOFDSTUK 2 - Uitzonderlijk normaal

Inleiding

Zo'n uitzonderlijk hoogbegaafd kind, hoe ziet dat er nu eigenlijk uit? Dikke, ronde brilglazen, neus in de boeken, spierwit velletje, graatmager, met strikje, witte sokken en sandalen, …

Niet echt… maar diep in ons huizen soortgelijke clichés nog vaak. De media doen er vaak ook niet echt veel goed aan. Kijk maar eens naar de afspiegeling van een intellectueel in bekende series.

In dit hoofdstuk kijken we eens naar het diepste van hun ziel, dwars voorbij de cursusboeken. Wat zit er daar verscholen? Welke valkuilen zijn er voor hen? Uiteraard gaan we ook in gesprek met de kinderen zelf. Naast een tekst om uitzonderlijke hoogbegaafdheid te kaderen voor je kind, vind je ook een nabespreking naar aanleiding van enkele gesprekken die ik heb gehad met tieners over hoe zij de wereld beleven. Als allerlaatste in dit hoofdstuk - en met oprechte dankbaarheid - vind je enkele waardevolle getuigenissen van ouders van UHB tieners én UHB tieners zelf. Wat hebben zij te zeggen? Heel wat, zo blijkt …

Intro: Uitzonderlijk normaal

In de derde kleuterklas zit hij, wanneer hij het AVI-niveau behaalt voor het derde leerjaar. Rekenen doet hij met zijn eten.

Op haar 9 leert ze zichzelf programmeren en wil ze de wiskunde van de eerste-tweede graad secundair onderwijs leren. Maar de vragen van de examencommissie begrijpen, ziet niemand van hen zitten.

Op zijn 5^e had hij zowat elk museum gezien in België. Al snel raakte hij zijn voeling met volwassenen kwijt: ze begrijpen hem niet, ze zijn niet oprecht. Ze zien zijn lengte, niet zijn inhoud. Cynisme is zijn spreekstijl geworden, en een harde oprechtheid die maar weinig mensen weten te appreciëren.

Deze kinderen zijn de vergeten en onderschatte groep, ook binnen de hoogbegaafden. Het doet mij veel plezier dat – waarschijnlijk voor de allereerste keer – deze groep eens bij naam genoemd wordt in de media zonder een nieuwe Einstein naar voren te schuiven.

Ja, ze zijn uitzonderlijk. In denksnelheid, in verbanden leggen, in onthouden, in denkniveau, in intensiteit. Maar ze zijn ook uitzonderlijk normaal: deze groep danst de pasjes uit Fortnite, lacht zich te pletter met Youtubefilmpjes, heeft vandaag eens geen zin en denkt ook heel vaak dat ze iets nooit van hun leven gaan kunnen. En deze groep vraagt zich elke dag af: ligt het nu aan mij?

Ik kijk met grote interesse naar de evolutie van dit voorstel. Een klasgroep en leerkracht kan maar zoveel dragen. Plusklassen zijn niet heiligmakend. Huisonderwijs vergt veel, héél veel van een ouder die deze verantwoordelijkheid op zich neemt het kind door de examencommissie te loodsen.

Deze kinderen komen niet toe met de invulboekjes uit school. Deze kinderen doorzien de 'leukheid' van de lessen en snakken naar het systeem achter de Franse werkwoorden, de opbouw van een formule en de verbanden in wetenschappelijke wetmatigheden. Deze kinderen moeten wàchten op de minimumleeftijd van de examencommissie. Daar moeten ze schrijven over dé 3 kenmerken van diertje X, terwijl ze zich thuis verdiepen in de fysicawetten van het heelal.

Dé 3 kenmerken wordt plots een hele moeilijke vraag. Er zijn er zoveel. En opnieuw vragen ze zich af: ligt het nu aan mij?

Ik kijk uit naar het moment dat wij aan deze kinderen kunnen zeggen dat het al die tijd aan ons lag.

Over bokaalglazen en boekenneuzen

1. Het 'typische' hoogbegaafde kind

Een uitzonderlijk hoogbegaafd kind, hoe wordt dat getypeerd?
Uitzonderlijk hoogbegaafden zouden kinderen van hoogopgeleide
ouders zijn. Deze kinderen zelf zijn uiteraard zeer gemotiveerd om zelf
academisch succes te behalen, en bovendien altijd welwillend naar de
ouders toe.

Tot zover het clichébeeld.

Onderzoek toont aan dat leerkrachten voornamelijk de
hardwerkende, meewerkende studenten eruit pikken als
hoogbegaafd, eerder dan de effectief hoogbegaafden (denken we
hier ook aan de onderpresteerders, de onderduikers, de dubbel
bijzondere kinderen, …) (Diezmann & Watters, 95).

Zijn er dan geen uitzonderlijke hoogbegaafde kinderen uit
laagopgeleide gezinnen, of uit geïmmigreerde families ? Zeker wel.
Zo zijn er ook die kinderen voor wie intellectueel excelleren het laatste
van hun zorgen is, kinderen die vooral op creatief vlak uitzonderlijk
getalenteerd zijn, of die agressieproblemen hebben omdat ze niet
herkend worden, hierdoor depressies ontwikkelen en zich
terugtrekken in een eigen wereld, …

Deze kinderen passen meestal niet in het profiel dat de samenleving
heeft over hoe een (uitzonderlijk) hoogbegaafd kind er uitziet.
Mensen worden pas als hoogbegaafd beschouwd wanneer ze aan
bepaalde criteria van een maatschappij voldoen (Diezmann & Watters,
95). Alsof er een bepaalde checklist bestaat die we kunnen afvinken.
Pas wanneer er genoeg kruisjes op ons lijstje staan, zien we die
persoon als hoogbegaafd.

Volgens Persson (persoonlijke communicatie, 2020) is onze perceptie van hoogbegaafdheid een grotendeels cultureel bepaald gegeven. Daarover lees je meer in hoofdstuk 3.

2.   Zelfkennis verwerven

> Wat het verschil is tussen 100 en 140 dat hoor je wel, maar wat is het verschil tussen 140 en 200? Dat zegt niemand je, dat weet je niet, en dat lijkt precies ook niemand belangrijk te vinden?

> De omgeving maakt het vaak een vloek voor ons. Ze zijn ook hypocriet. Ze willen dat we intelligent zijn en veel kunnen, maar het tonen maakt ons dan weer zogezegd beter dan de rest. Wij hebben hier ook niet voor gekozen.

Er is maar weinig dat mij zo stoort als een kind een genie of de volgende Einstein te noemen waar hij zelf bij staat. De lat kan onmogelijk nog hoger gelegd worden. Want wat als hij geen genie wordt? Heeft hij dan gefaald? Het is niet omdat een kind het potentieel heeft, dat het dit dan ook ten volle moet of zal benutten. Deze kinderen zijn niemand verschuldigd om dit potentieel te gebruiken, net zomin als andere mensen dat zouden zijn.

Jezelf leren kennen, doe je door naar de ander te kijken en je te spiegelen: zou ik dat ook zo doen? Hoe zou ik gereageerd hebben? Wat denk ik daar over? Het wordt heel moeilijk om jezelf te leren kennen wanneer je opgroeit in een maatschappij en tussen mensen die zo anders zijn dan jij.

Stel : een olifant woont zijn hele leven lang tussen de apen. Hoe kan hij zichzelf leren kennen? Misschien merkt hij wel op dat hij niet in bomen kan klimmen, of geen vingers heeft. Maar waarschijnlijk ontdekt hij nooit waar zijn slurf en slagtanden toe dienen. Hoe frustrerend moet dat niet zijn? Hoe klein en onbeholpen moet dat voelen?

Zelfkennis gaat gepaard met zelfzorg. Pas wanneer je jezelf kent, weet je ook wat je nodig hebt. Voor deze zelfkennis én -zorg heb je dus, in tegenstelling tot wat je zou denken, niet enkel jezelf nodig maar ook de ander (Verhaeghe, 2020).

Zelf gebruik ik graag 'helden' uit onze maatschappij om aan te tonen dat ze er niet vanzelf zijn geraakt of dat ze niet zo heiligmakend zijn als de wereld graag wil laten uitschijnen. Dit laatste wordt door kinderen en jongeren in mijn trajecten vaak als hypocriet ervaren en stoort hen uitermate. Hoe kan je iemand 'goed' noemen, er op school weken over bezig zijn in zedenleer of godsdienst, wanneer zij dit of dat hebben gedaan? Waarom wordt er zelfs niet over gepraat?

Aantonen dat ook zij mensen zijn met fouten en tegenslagen, het vermenselijken van de genieën en de hoogvliegers, maakt hun dromen ook net iets meer verwezenlijkbaar.

Bovendien kijken zij ook vaak op naar mensen of fantasiefiguren die als 'slecht' of 'minder' worden beschouwd. De Vulcans of Darth Vader kunnen vaak op veel begrip rekenen in mijn groepen. Mijn jongeren kijken ook vaak met grote ogen naar 'al die kindjes die braaf Yoda volgen'. Onbegrijpelijk! Denk toch eens voor jezelf! De maffiaman die de macht grijpt? Natuurlijk, als het kan moet je dat proberen, zolang je je trouwe naasten maar beloont. Want ondankbaar zijn tegenover diegene die aan je zijde staan, dàt doe je dan weer niet.

3.   Eenzaamheid

Isolation is the refuge of genius, not its goal - Hollingworth, 1942

Eenzaamheid is een factor die in veel studies en ook in mijn praktijk terugkomt. Hun perceptie van vriendschap is al snel anders. Wanneer uitzonderlijk hoogbegaafde kleuters een 'beste vriendje' hebben, is die dat ook morgen en zelfs volgende week nog. Spreek je af om te komen spelen, dan doe je dat ook. Dat terwijl een gemiddelde kleuter soms al na een uurtje zijn 'belofte' vergeten is en zeer wisselend en experimenteel is op het vlak van vriendschappen.

Ook de thema's waar deze kinderen en jongeren graag over praten, zijn van heel andere aard. Small-talk is niet aan hen besteed en boeit hen niet. De woordenschat die zij gebruiken, op elke leeftijd, is van een ander niveau dan die van hun leeftijdsgenoten. Hierdoor gaan ze dan ook vaak op zoek naar vriendschappen tussen oudere kinderen. Een belangrijke kanttekening moet hier wel gemaakt worden dat - zeker wanneer deze (veel) oudere kinderen al pubers zijn - de gespreksonderwerpen niet altijd ideaal zijn voor de jongere oortjes en hun asynchrone ontwikkeling hen hier parten kan spelen.

Het is ook zeer onwaarschijnlijk dat deze kinderen als leider van de groep worden aanzien, zeker vanaf een IQ van 160 (Kline & Meckstroth, 1985). Groepsleiders zijn meestal wel "intelligenter, maar niet veel intelligenter dan het gemiddelde van de groep zelf" (Feldman & Morelock, 2003). Ironisch   of sadistisch?   genoeg is het wel dat net zij verwacht worden 'our leaders of tomorrow' te worden of zijn (Persson, 2015).

4.   Zelfontkenning

Zelfontkenning - het ontkennen van eigen talenten - lijkt voor een meerderheid van deze jongeren vaak de enige oplossing om sociaal aanvaard te worden in de maatschappij. Hun natuurkracht volgen, zoals Grobman (2006) het noemde, zorgt maar zelden voor een gezonde dosis zelfvertrouwen. Meestal voelen ze zich vreemd en anders, waardoor ze in ontkenning gaan van hun hoogbegaafdheid. Ik verwijs graag naar de laatste zin uit mijn blog 'De slapende leeuw':

Het vergt heel wat moed om terug te durven zijn wat hen op dit punt heeft gebracht en te hopen dat het nu anders zal zijn.

Het is heel pijnlijk om te merken dat je niet aanvaard wordt door je omgeving wanneer je net jezelf bent. Je wordt als vreemd, anders of raar ervaren en je vindt geen aansluiting. Het moét dan wel aan jezelf liggen. Je ontkent en negeert bijgevolg datgene wat al die jaren voor leed zorgde, net zolang tot dat stukje in jou dood is, maar je er wel bij hoort en net als de rest bent.

Miller (Neville et al, 2017) noemt het 'emotional deadening': het emotioneel terugtrekken en het optrekken van een schild. Je geniet niet langer van je successen en de zaken die je bereikt hebt en je hebt geen voeling meer met jezelf.

 Ook zogenaamde *brain drains* (een verloop van kennis naar andere regio's) is iets wat we door de geschiedenis heen vaak gezien hebben. Het aanvaarden van intellectualiteit is cultureel bepaald. Wanneer intellectuelen zich niet aanvaard voelen, kunnen ze verhuizen naar regio's waar ze zich méér welkom voelen (Persson, 2015).

5.   De sadistische vriend

Hun sadistische vriend is een imaginaire 'vriend'. Iemand die jarenlang aan hun zijde loopt. Een vriend die hen van binnenuit continu ondermijnt: 'je bent niet hoogbegaafd, zie je wel dat je het niet kan' … Alles wat fout gaat, of fout zou kunnen gaan, wordt er dubbel en dik ingewreven. Uiteraard, wanneer je lang genoeg naar die vriend luistert, zal hij uiteindelijk wel ooit gelijk krijgen. Niets of niemand is onfeilbaar. Tegelijkertijd heeft het iets bevredigends om naar deze sadistische vriend te luisteren, het brengt je in een gezellig paranoïde sfeer.

Ook het 'imposter syndrome' (Neville et al, 2017) is een vaak voorkomend gegeven, waarbij de kwaliteiten van hun hoogbegaafdheid geminimaliseerd worden of ontkend. De oorzaak van een positieve uitkomst wordt verlegd van succes naar geluk, van 'goed gewerkt' naar 'een gemakkelijke taak' … 'Als ze eens wisten wat ik eigenlijk maar kan, ze zouden zulke complimenten niet geven! Ik ben fake!'

Schuldgevoelens zijn deel van hun sadistische vriend. Grobman (2006) ervaart deze schuldgevoelens bij uitzonderlijk hoogbegaafde jongeren omwille van hun talenten. Dit kan op allerlei vlakken zich voordoen.

-Bij mij gaat het zomaar, terwijl anderen er zo veel moeite voor moeten doen. Waar heb ik dat aan verdiend?

-Ik zal maar niet zeggen dat ik de beste punten van de klas heb, ik was zelfs vergeten me voor te bereiden op deze toets.

-Mijn klasgenoten zijn zo vol lof over mij: "wauw", "amai". Ik geloof er niks van.

-Waarom is die zo vriendelijk tegen mij? Wat heeft hij mij van mij nodig?

-Ik ga niet zeggen dat ik het antwoord weet, dan zullen ze me wel een betweter vinden.

Hoewel ze er zelf vaak vanuit gaan dat anderen jaloers zijn op hen, hen niet gaan aanvaarden, hoeft dit volgens studies niet noodzakelijk het geval te zijn. Vaak is het enkel een reflectie van hun eigen gedachten op de buitenwereld.

Ook zijn er tig voorbeelden te vertellen over hoe mensen staan te springen om deze kinderen en jongeren te tonen "je bent écht niet zo slim als je zelf wel denkt". Een moment de gloire voor onze sadistische vriend.

Je voelt vaak dat ze je proberen te testen: is het écht wel zo? Haha zie je wel, je weet dit of dat niet. Je mag niet missen, je mag precies niet iets niet weten. Wat is het nu dat ik iets niet weet? Daarvoor zit ik hier toch? Ben je nu ineens beter dan ik?

6.　Manipulatie

Wanneer je in het achterhoofd houdt dat de overgrote meerderheid van deze jongeren niet de discipline, frustratietolerantie of emotionele maturiteit hebben kunnen opbouwen zoals leeftijdsgenoten (zie asynchroniteit: ervaringsgebrek), is het op zich niet verwonderlijk dat zij vaak een verstoord zelfbeeld hebben ontwikkeld. Leeftijdsgenoten lijken net te genieten van de inspanningen die ze moeten doen om ergens te geraken en lijken makkelijker om te kunnen met het merendeel van hun emoties.

Uitzonderlijk hoogbegaafden zijn zich meestal niet bewust van de aard en oorzaak van hun innerlijke conflicten en angsten, maar voelen wel de negatieve emoties die ermee gepaard gaan. Ze voelen zich anders en geïsoleerd ten opzichte van anderen, die de wereld anders ervaren en minder empathie beleven dan zij. We zien bij hen meerdere manieren om hiermee om te gaan (Grobman, 2006):

- Ontwijken

- Terugtrekken

- Verlies van interesse

- Uitstelgedrag

- Een schuldige zoeken

-Arrogant gedrag: arrogant gedrag is bij hen een verdedigingsmechanisme om (meestal ingebeelde) gebreken te verdoezelen.

-Uitdagend gedrag: net als arrogant gedrag, is het een open deur voor negatieve reacties, een vraag om censuur of om gestraft te worden. Een manier om hun sadistische vriend gelijk te geven. De slachtoffers van hun uitdagend gedrag zijn meestal zij die ze als minder competent zien, of - zeker in de puberteit - zij die klaarstaan om het kind te helpen. Het is een testfase om te zien of jij hun masker of hun echte, gekwetste ik ziet en de moeite wil doen om hen het vertrouwen en de tijd te gunnen na vaak een zware rugzak vol ontgoochelingen.

-zelfbeschadiging

-...

De innerlijke drive, de intensiteit die zij ervaren, kan er ook voor zorgen dat zij vaak het gevoel hebben geen controle over zichzelf te hebben. Dit kan over leuke zaken gaan, zoals een nieuw interesseveld, maar ook over zaken die ze soms beangstigend vinden. Een hevige fascinatie voor middeleeuwse foltertechnieken kan bijvoorbeeld ontwikkelen bij kinderen die een jarenlange pestproblematiek te verwerken hebben. Ook adoratie van dictators of zelfdestructief gedrag, kunnen we hieronder zetten.

Als volwassenen voelen we ons vaak moreel verplicht om hier dwars tegen in te gaan. We zijn makkelijk geneigd het morele probleem van deze interesse en adoratie bloot te leggen. Je màg geen fan zijn van Mao of Stalin, je hoort marteltechnieken niet interessant te vinden.

Het is nodig om de taboesfeer hierrond te laten vallen. Laat hun sadistische vriend niet aan het woord. Ga integendeel net op zoek naar de oorzaak van deze fascinatie en je zal merken dat een heel ander beeld wordt blootgelegd.

Wat ze in de echte wereld niet gedaan krijgen, doen ze in hun cognitieve en imaginaire wereld. Deze wereld kennen ze, daar kunnen ze zichzelf zijn. Daar kunnen ze hun ei kwijt. Zware fysieke pesterijen laten hun sporen na, en als zij konden, ooeeeh, dan zouden ze… Ondertussen leren ze maar weer heel wat over de middeleeuwen en techniek.

Stalin, Mao, Putin, Hitler, … hadden allemaal een fantastische retoriek. Hoe krijg je een hele massa mee zodat ze je blindelings volgen, zonder de weerstand nog te horen? Hoe zouden zij het als dictator aanpakken? Wat zouden hun pijlers zijn? Ga mee in hun vragen en hun wereld. Dàn leer je pas deze kinderen kennen.

Het is een angstig gevoel dat ze al als kind meekrijgen: wanneer ik mezelf ben, mezelf 'ontketen', raas ik iedereen voorbij als een hongerige leeuw op rooftocht. Maar dit gevoel vereist voor een groot stuk ook een vorm van egoïsme: eisen dat je je eigen tempo mag volgen, mensen los onder tafel praten, leerkrachten corrigeren, betere punten halen dan je vriend, hardop zeggen dat je je stierlijk verveelt, … Het machtsgevoel lonkt, net zoals de helden uit een boek of film. Ergens zijn ze ook wel zo, ergens voelen ze zich superieur.

Maar wat dan met je gevoelige kant? Is die kant dan verdwenen? Die kant die meeleeft met de leerkracht die zo haar best deed, terwijl het thema je gewoon niet ligt. Je vriend die twee weken van z'n melk is omdat zijn vriendin hem wééral bedrogen heeft (zag je het nu nog niet aankomen, hoor je ze thuis zeggen)? Het lijkt soms alsof het ene niet samengaat met het andere.

Hun drive hoeft echter geen dictator te zijn, en zij evenmin. Een alleenheerser kan best sensitief en mededogend zijn, zolang hij eerst in vrede is met zichzelf.

7.   Existentiële vraagstukken

Existentieel is je visie op hoe de dingen zijn, hoe jij bent en hoe de wereld is. Hun idealisme zit hen in de weg: ze zien hoe het zou moeten zijn, en ze zien wat het 'maar' is, ze zoeken universele regels of antwoorden, maar zien ook de onrechtvaardigheden, de tegenstrijdigheden en de hypocrisie in de wereld (Webb, 2008).

Waarom vraagt iemand je hoe het ermee gaat als ze niet eens de tijd hebben om echt naar je antwoord te luisteren?

Ik begrijp niet dat mensen voldoening kunnen halen uit een gemiddeld resultaat?

Ze willen veranderingen maken in de wereld, maar zien ook hun beperkte impact. Het gevolg is veel frustratie en machteloosheid. Ze zijn zich bewust van hun nietigheid in het grote geheel: wie zijn wij om verandering te brengen?

> Hoe kunnen wij nu de wereld veranderen? Ze luisteren nu niet eens naar ons. Ze doen gewoon hetzelfde als honderd jaar geleden, alleen hebben ze beter gerief om het te doen en ze knikken mee met de domste baas gewoon omdat ze niet voor zichzelf kunnen denken of omdat ze schrik hebben.

Ook het gevoel dat er nooit genoeg tijd, geld en middelen voorhanden zijn om te doen wat je wil doen, om te excelleren in datgene waarin je wil excelleren, is zeer frustrerend. Wanneer die woede of frustratie omslaat naar een gevoel van machteloosheid ("ik kan er toch niets aan veranderen"), mondt dit uit in een gevoel van aangeleerde hulpeloosheid. Een attitude van "laat anderen het maar oplossen" (Webb, 2008).

Een depressie kan veroorzaakt worden door het bewustzijn van de energie en de talenten die ze hebben, maar waarmee ze nergens naartoe kunnen. Er is geen nuttige plaats om deze in te zetten (Jackson et al, 2009). De nadruk moet hier absoluut gelegd worden op 'nuttig'. Veel van hun projecten verdwijnen in de ijle mist van het onderwijssysteem. Dit is vrij normaal, er is nu eenmaal geen tijd op school om continu nuttige projecten uit te denken voor een select groepje. Het laat deze kinderen echter met een diep ontgoocheld en vooral nutteloos gevoel achter.

De illusie is weg

Vragen stellen betekent wachten, zelfs een heel leven lang. - Heidegger

Het gevoel dat je het dan maar zelf moet doen, dat dit het is, zonder noodzakelijk een hogere betekenis te vinden aan het leven (je leeft en je gaat dood, punt), zorgt ook voor een vaak grote ontgoocheling. De illusie is weg.

-Wie of wat zorgt voor betekenis in het leven?

-Is alles toeval of het lot?

-Ligt ons leven al op voorhand vast?

-Wat is mijn doel in mijn leven?

-Waarom ben ik op aarde gekomen?

Deze vragen horen we wel eens van mensen met een midlife crisis. Spijtig genoeg komen ze in mijn praktijk ook voor bij kinderen die hun puberteit nog moeten doormaken. Kinderen zo jong als zes jaar kunnen overmand worden door de vraag of hun leven op voorhand vast ligt en slaan daardoor om in aangeleerde hulpeloosheid. Uitspraken als "jij gaat het maken in het leven", zorgen voor de extra druk dat 'het toch allemaal beslist is'.

Eens zo pijnlijk is het te merken dat je niet eens consequent kan zijn met je eigen waarden en overtuigingen. Of dat deze onderling met elkaar botsen. Dit kan een conflict teweeg brengen van herkenning, ontkenning, frustratie, laag zelfvertrouwen, zinloosheid en véél conflicterende gedachten die voor uren en uren aan hersenspinsels kunnen zorgen en even snel de sadistische vriend naar boven brengen. Deze uren aan zelfreflectie zijn echter niet noodzakelijk slecht.

De eenzaamheid is een stille storm die al onze dode takken afbreekt. - Gibran

Laat hen dus snoeien, dit is een noodzakelijk onderdeel in het afbraak- en heropbouwproces. Het maakt deel uit van de zelfkennis die ze opbouwen. Hoe zit de wereld in elkaar, en hoe bevind ik mezelf daarin?

Het zelfmoordcijfer van hoogbegaafden ligt niet hoger dan die van niet-hoogbegaafde kinderen (Jackson et al. 2009). Volgens studies zouden zij ook niet significant meer mentale problemen hebben dan niet-hoogbegaafde jongeren. Wel valt op dat de bevraagde jongeren allen aangepaste trajecten volgden (bv. verrijkingsklassen), wat voor een vertekend beeld kan zorgen (Martin et al, 2010). De vraag blijft dus hoe het gesteld is met die jongeren die niét herkend worden of die géén aangepast programma volgen.

Existentiële depressies komen wél vaker voor bij hoogbegaafden en uitzonderlijk hoogbegaafden. De vorm van vraagstelling die existentiële depressie voorafgaat hangt namelijk heel nauw samen met de soort vragen die uitzonderlijk hoogbegaafden zich vaker en sneller stellen. Er wordt geschat dat elke uitzonderlijk hoogbegaafde minstens éénmaal in zijn leven een existentiële depressie doormaakt.

Het is belangrijk om te beseffen dat, eens je een existentiële depressie doormaakt, je er niet meer als voorheen terug staat. Het is de kunst om dit als een proces te zien waar je door moet en je onvrede voor jou te laten werken (Webb, 2008). Het kan een drijfveer zijn, een zeer krachtige energiebron die je kan aanboren om het gat te dichten tussen wat is en wat zou moeten zijn. Een opstap naar een hoger bewustzijnsniveau, een scherper zicht op het leven waarvoor je eerst al je oude fundamenten moet laten afbrokkelen. Of zoals ik tijdens mijn begeleidingen zeg: een nieuw huis bouw je beter niet op het sloopafval van de vorige woning.

Gezien de filosofische aard van hun vraagstelling, is het ook handig en leerrijk om antwoorden in de filosofie te zoeken. Filosofische gesprekken zijn zeer nuttig gezien hun abstracte aard en de bijhorende open geest van denken. Het gaat niet over hen of over juist of fout, maar over het denkproces en over wat we hier en nu denken. Een moeilijk gegeven voor een tiener, die al menig ego heeft gepijnigd.

8. Ze zijn niet sociaal

Een zeer grote misvatting is dat deze kinderen niet sociaal zijn.

De mens is een sociaal wezen, ook zij dus. Het probleem is enkel dat ze vaak als té anders worden beschouwd, waardoor ze niet in de gemiddelde groep passen. Elke cultuur heeft grenzen van wat als aanvaardbaar gedrag wordt beschouwd. Er is nog enige tolerantie mogelijk voor afwijkend gedrag, maar eens daarbuiten stoot je op een negatieve respons van achterdocht, ontwijken en uitsluiten. Het zijn deze grenzen waarop zij vaak botsen.

Wil je sociaal aanvaard worden, dan moet je aan een paar fundamentele principes voldoen (Persson, 2015):

1- De anderen moeten je aanzien zoals of bijna zoals de anderen, eerder dan afwijkend ten opzichte van de anderen van de groep.

2- Het is niet voldoende om getolereerd te worden. Je moet ook aanvaard en erkend worden, vertrouwen en vrijheid krijgen door de meerderheid van de sociale groep.

3- Om aanvaard worden door die meerderheid, moet jij ook hun standaarden aanvaarden en geduld hebben met hun begripsniveau en capaciteiten.

Er is een groot verschil tussen leeftijdsgenoten en peers. Peers zijn deze kinderen met wie ze mentaal op hetzelfde niveau zitten. Hoe hoger het IQ, hoe groter dat leeftijdsverschil kan zijn. Verder zijn uitzonderlijk hoogbegaafden ook niet significant introverter dan

normaal begaafden, maar zijn ze wel meer gesteld op hun privacy
(Neville et al, 2017).

In mijn groepen zie je kinderen die de stempel kregen van jong,
immatuur, agressief tot zelfs selectief mutisme. Het is dan ook
begrijpelijk dat hun ouders, wanneer ze hun kind op onze
dagtrajecten achterlaten, dit doen met enige angst en met de nodige
gsm-nummers bij de hand. Na de nodige acclimatisatie zien we deze
kinderen vaak openbloeien tot de bloemen die ze zijn. Neen, het zijn
niet allemaal koptrekkers, ook zij zijn extravert of introvert. Maar
sociaal zijn ze wel, elk op hun eigen manier.

> Emily gaat net naar school. Ze spreekt al wekenlang
> niet. Tegen niemand. Haar ogen vliegen het lokaal
> rond, ze observeert en analyseert alles en iedereen.
> Met haar ogen krijgt ze gedaan wat ze wil. De vraag is:
> waarom zou ik?

Een belangrijke vraag om jezelf steeds te stellen is vanuit wiens
perspectief we praten. Stel: de kinderen rondom jou vinden een duw-
en-trekspelletje hilarisch. Jij daarentegen vindt het allesbehalve fijn
om op de grond te vallen en je nieuwe broek te scheuren. Mama heeft
nog zo hard gezocht naar een broek waar de naden niet van prikten.
Ondertussen pieker je over een artikel van gisteren waarin geschreven
werd dat bomen met elkaar kunnen communiceren. Wie zou je daar
meer over kunnen vertellen? Zou je juf daar iets over weten? Zouden
we het daar deze namiddag niet over kunnen hebben?

De jongens in je klas zijn altijd zo brutaal tegen elkaar, ook al zeggen ze vrienden te zijn. Ze noemen elkaar debiel, onnozelaar en duwen elkaar. Je hebt geen zin om nog eens uitgescholden te worden, dus ga je gewoon ergens apart op een bank zitten..

Zij leek exponentieel te groeien (ze leerde zichzelf o.a. lezen en rekenen en haar verbale woordenschat was en is enorm en doet niet onder voor een volwassenen) en omdat het duidelijk was dat haar toenmalige school geen kennis had van hoogbegaafdheid en er een stugge directie aan het roer stond wilde ik haar een jaar later nogmaals testen.

Niet "testen om te testen" maar een duidelijk rapport van hoogbegaafdheid zou misschien maken dat school meer wilde open staan voor dit soort kinderen. (In haar IQ test had ze een totaal score van 128 en daarmee zou je net onder de noemer van hoogbegaafdheid liggen.)

Charlotte begon in deze periode ook vaker te zeggen dat ze school saai vond.

Toen zij ongeveer 4,5 jaar was hebben we dus opnieuw een IQ test laten doen bij Charlotte en daar kwam uit dat zij uitzonderlijk hoogbegaafd was. Totaal IQ= 145. Tijdens de test kwam goed naar voren hoe Charlotte haar motivatie schommelde bij de verschillende soorten opdrachten. Hoe makkelijker en "eenvoudiger" hoe minder geneigd ze was haar best te doen. Hoe moeilijker de opdrachten werden hoe sneller haar gedachtegang ging en des te sneller er verbanden werden gelegd. Zij liet goed zien dat zij o.a. een associatieve denker is.

9. Misdiagnoses

Hoogbegaafde kinderen zijn vooral gevoelig aan stress, wat voor chronische ziekten, chronische stress of burn-out kan zorgen (Fakolade & Archibong, 2013). Er is consensus dat er meer uitzonderlijk hoogbegaafden zijn dan de Bell-curve doet vermoeden. Bovendien worden de uitzonderlijk hoogbegaafden er minder snel uitgepikt dan de hoogbegaafden. Onze uitzonderlijk hoogbegaafden blijven dus makkelijker onder de radar, of scoren minder dan men zou verwachten (Tolan, 1985).

De créche was tegen het einde heel moeilijk, zij gingen ervan uit dat Louise autisme had door haar gedrag (ze klapte toe en kreeg last van woede-stuipen). Op school ging het eerste jaar goed (meteen versneld), de tweede kleuterklas liep tot kerst goed, daarna zijn we versneld naar de derde kleuterklas. Het eerste ging goed tot kerst en het tweede was met herfst al om zeep.

Louise krijgt dan psychosomatische klachten: buikpijn, hoofdpijn, woedeaanvallen als ze thuiskomt van school, huilbuien om niets, ...

10. Ze kunnen niet studeren

Er wordt vaak vanuit gegaan dat studeren bij hen vanzelf gaat. Onderzoek toont echter aan dat deze kinderen er niet in slagen om een werkhouding aan te nemen die past in een schoolse omgeving (Feldman & Morelock, 2003). Deze schoolse omgeving is namelijk gemaakt voor het gemiddelde kind, waardoor ze veel wegdromen en afdwalen.

Gesprekken met tieners:

Sommigen denken dat parate kennis echte intelligentie is, maar ik vind dat niet. Je kan dat studeren en oprakelen hé.

In een schoolse omgeving wordt veel herhaald, veel geoefend. Diep ingaan op onderwerpen of verbanden leggen, wordt relatief weinig gedaan. Uitzonderlijk hoogbegaafden hebben net een voorkeur voor intuïtief denken, originaliteit en het exploreren van het ongekende, eerder dan feitjes vanbuiten studeren (Neville et al, 2017).

De huidige schoolvisie op leren is die van het ontwikkelen van vaardigheden. Je leert Frans praten door woordenschat en zinnetjes vanbuiten te leren. Vanwaar die 's' bij 'tu parles' komt, leer je meestal pas later. In het hoofd van een uitzonderlijk hoogbegaafd kind, dat graag de systematiek van zaken kent, botst dat gigantisch.

Hollingworth (1942) raadde aan om met hen naar het verleden te kijken, zodat ze inspiratie kunnen opdoen om later zelf innovatieve denkers te worden.

Volgens Ricca (1984) zijn hoogbegaafde kinderen al vanaf het vierde leerjaar klaar voor lessen in collegestijl: luisteren en voor een groot deel zelf verbanden leggen. Ze vinden dit ook een aangename manier van les krijgen. Naar mijn ervaring is dit bij de topscorers onder uitzonderlijk hoogbegaafden - de profoundly gifted - nog sneller.

11. Ze willen wél

Able and willing but nowhere to go

"Ik bied hem van alles aan, maar hij doet het niet. Volgens mij wil hij gewoon niet." Herkenbaar?

Volgens Sternberg is intelligent gedrag in een eerste fase je aanpassen aan de omgeving. Als dit niet lukt, probeer je de omgeving aan te passen. Het probleem is dat dit voor kinderen, die afhankelijk zijn van familie en school, nog niet mogelijk is en ze zich dus in een derde fase gaan verlaten op dagdromen en storend gedrag, wat later vaak in schooluitval uitmondt (Diezmann & Watters, 95).

Een ondersteunende omgeving biedt voldoende kansen om efficiënt gedrag en vertrouwen in eigen kunnen te ontwikkelen, evenals voldoende kansen om zelfstandig te leren (Diezmann & Watters, 95).

De manier waarop hoogbegaafden een taak uitvoeren, is een slechte beoordelaar voor motivatie. Wanneer taken bijvoorbeeld niet uitdagend genoeg zijn of eerder routineus en er weinig of geen concrete feedback wordt gegeven, zal een hoogbegaafde niet gemotiveerd zijn. De ene zal zich aanpassen en de taken toch uitvoeren, de andere zal onderpresteren, dagdromen, storend gedrag vertonen, uitvallen (Diezmann & Watters, 95).

(Uitzonderlijk) hoogbegaafde kinderen hebben geen autoriteitsfiguur nodig om tot leren te komen. Zij hebben graag een gevoel van verantwoordelijkheid. Dit is een significant verschil met hun leeftijdsgenoten (Ricca, 1984), die nog iemand 'boven hen' nodig hebben om ervoor te zorgen dat ze hun opdrachten maken.

Motivatie kan dus eerder gezien worden als de drijvende kracht om van hoogbegaafd potentieel naar hoogbegaafde prestatie te gaan.

Grobman vindt de 'task commitment', zoals Renzulli het omschrijft, nog niet ver genoeg gaan om de drive te omschrijven die deze kinderen voelen. Ik kan hem hierin volgen:

This drive felt like an inner compulsion from which they had no escape, it controlled and dominated them. These were not children pushed to excel by "stage parents". Rather, it was the parents who had difficulty keeping up with their children. (Grobman, 2006)

Het is wat ik in het artikel 'De slapende leeuw' benoem. Deze leeuw heeft steeds honger naar meer. Ze zijn zo. Hun hoofd is baas.

Ze willen dus zeker wel, ze zijn zo gebouwd. Enkel hebben zij een groot ervaringsgebrek door kansen (zie 'asynchroniteit'), waardoor ze liever opgeven en zich terugtrekken in hun eigen wereld zonder moeite en zonder falen. Een menselijke reactie is dan om te zeggen: 'maar probeer het toch eens, het kan alleen maar beter gaan'. Zo simpel is het echter niet. Niet voor hen en hun metacognitieve (=kennis over de eigen kennis) hersenen.

De vraag blijft: waarom zouden ze? Deze situatie - hoe slecht ze soms ook is - kennen ze. Daar hebben ze meestal al coping strategieën voor opgebouwd, welke ze ijverig gebruiken. Een risico nemen, vergt integendeel ontzettend veel van hen:

1- Je moet je inspannen. Dat vraagt discipline, omgaan met tegenslag en de bijhorende negatieve emoties. Allemaal vaardigheden die ze tot nu nog niet hadden.

2- Stél dat het lukt, gaan er misschien verwachtingen gelegd worden. Zie je wel dat je het kan, doe het maar altijd zo nu. Of erger: nog wat meer. Ga je dat wel kunnen volhouden? Ga je jezelf niet ontgoochelen, of de anderen? Dat is een nieuwe situatie waarvoor ze zich niet klaar voelen

3- Stel dat het mislukt, dan is dat een grote bevestiging van je eerdere aannames over jezelf/de ander/je omgeving. Jezelf en je hoop blootstellen aan ontgoocheling, kunnen we dat, willen we dat? Ervoor had je nog dat sprankeltje hoop, welk door je sadistische vriend af en toe de grond ingeboord werd. Gaan we hem de kans geven om gelijk te krijgen?

In gesprek met bokaalglazen en boekenneuzen

Eén van de pijlers van Talentvol is dat we niet enkel over uitzonderlijk hoogbegaafde kinderen praten, maar vooral veel mét hen. In onze maatschappij bestaat er nog altijd een taboe wat betreft het uitleggen aan kinderen hoe ze in elkaar zitten. Weten dat je anders bent maar niet weten waarom, kan echter nefast zijn voor je zelfbeeld.

Eerlijkheid is confronterend, het legt de slechte fundamenten bloot, maar is tegelijkertijd de eerste stap naar een gezond en positief zelfbeeld, naar de bouw van je nieuwe huis.

Intro - Hoe uitzonderlijke hoogbegaafdheid uitleggen aan je kind?

Heel vaak wordt er over, zelden mét een UHB kind gepraat. Terwijl het net voor hen belangrijk is dat ze begrijpen wie ze zijn en hoe ze in elkaar zitten. Laat deze tekst je als ouder of begeleider helpen in de zoektocht naar zichzelf.

Misschien heb je al gemerkt dat je anders denkt, dat je 'anders' voelt en andere interesses hebt. Misschien kreeg je al te horen dat je uitzonderlijk hoogbegaafd bent. Dat wil zeggen dat je echt wel anders, sneller denkt én voelt.

Het is vreemd soms, dat je in de klas iets vaak opnieuw en opnieuw hoort wat zo simpel is. Misschien ligt het aan jou? En waarom spreken ze nooit over hoe die tsunami, die onlangs in het nieuws is geweest, er is gekomen? Wat is het verschil met een gewone overstroming of hoge golven? Hoe zit dat dan in elkaar? En kunnen ze dat dan niet beter voorspellen, of tegenhouden? Waarom heeft niemand dat ooit bedacht?

Je vindt moeilijk wat anderen makkelijk lijken te vinden. En wat jij makkelijk vindt, vinden anderen dan weer moeilijk of saai. In de les opletten, 's morgens op tijd klaar geraken, stappenplannen volgen zijn voor jou misschien moeilijk, terwijl je het heelal net superspannend vindt en best wel makkelijk om te begrijpen.

Je hebt héél veel vragen in je hoofd, zoveel dat je wel eens je eigen hoofd niet meer begrijpt. Er is zoveel tegelijk gaande in je, dat je hart en hoofd soms twee verschillende dingen zeggen. En waar moet je dan naar luisteren?

Je wil wel het juiste doen, maar dat lijkt je niet altijd te lukken, en hoe kan je nu eigenlijk weten wat het juiste is? Want wat jij voelt en de rest zegt, is soms zo compleet anders.

Je ziet steeds hoe het beter kan en je bent dan ook niet snel blij. Het zo goed mogelijk doen voor jezelf en een ander lijkt soms een dagtaak!

Maar wat er echt toe doet, is voor jezelf uit te maken wat jij belangrijk vindt. Als niks meer moet en je niemand moet tevreden houden, wat vind jij dan belangrijk? Heb je daar onlangs nog eens écht over nagedacht?

1.   Niks moet, wat wil je dan?

Ze had twee versnellingen achter de rug en volgde een zware wiskundige richting. Inhoudelijk een fluitje van een cent, voor een eigen project was ze al gestart met de Riemann-hypothese, maar studeren en plannen leek maar niet te lukken. Studeren ging traag en zonder echt resultaat.

Ze had al enkele jaren begeleiding achter de rug zonder echt resultaat. Testafnemers noemden haar "een speciaal geval". Praten over hoogbegaafdheid, en vooral over haar plekje op de IQ curve, bracht telkens weer een stormvloed van tranen teweeg. Strenge regels werden opgelegd met de bedoeling haar terug mee te krijgen en zo haar laatste schooljaar te doorspartelen. Elke dag huiswerkklas, elke dag herhalen, samenvattingen maken, … Toen ze bij mij in begeleiding kwam, was mijn eerste regel er een die ze stellig niet verwacht hadden: en nu laat je dat allemaal vallen.

Enkele weken later zag ik haar terug… Haar lat lag torenhoog ("Ik heb mezelf dit al drie keer opgevraagd en nog haal ik geen 10 op 10!") Haar vertrouwen in eigen kunnen was ver te zoeken. Maar zodra niks meer moet, heb je tijd om te denken over wat je zelf wil:

-Hoe was dat voor jou, nu alle maatregelen zijn weggevallen?

-Raar

-Heb je iets gedaan in al die weken?

- Toch wel, de dingen die ik wou studeren of waarvoor het nodig was. En ik heb ook eens nagedacht over hoe ik nog zou kunnen studeren. Want mindmaps, dat werkt toch niet voor mij, dat is zo.

- En heb je iets bedacht?

- ja, ik heb voor aardrijkskunde een samenvatting gemaakt. Ik ben er eigenlijk nog geen twee uur mee bezig geweest, en nu heb ik er toch een beter gevoel bij dan vroeger.

En bij deze woorden haalde ze een samenvatting uit: een poster van 8 A4's groot. Veel mensen zouden draaierig worden bij het zicht en de omvang ervan. Het was een staaltje van diepgaand inhoudelijk inzicht, zeker wanneer je bedenkt dat ze nog nooit haar eigen weg in studeren had gevonden.

Hoofd- en bijzaken, kleuren, verbanden, … en dat alles in één oogopslag glashelder en to the point..

'Wanneer ik Frans studeer, weet ik na een tijdje ongeveer waar alles staat, maar nooit echt correct', vertelde ze me alsof het een last was waar ze zo snel mogelijk vanaf wilde: 'Els, leer mij dit af!' Nu ziet ze bij een toets deze poster met daarop heel duidelijk de lijnen en de tekst.

Ze heeft een fotografisch geheugen, maar niemand vertelde haar ooit wat een prachtinstrument dit is. Ze heeft de capaciteit van een Ferrari in haar hoofd, maar niemand heeft legde haar ooit uit hoe ze de laatste vier versnellingen moet gebruiken.

2. De koorden van de maatschappij

Ik heb het gevoel alsof de maatschappij me vasthoudt aan koorden, die aan me trekken, begrijp je dat?

De koorden trekken zo hard aan hem. Het is een niet-aflatend gevecht tussen wat hij verlangt en wat de wereld verwacht. Hij zoekt zijn uitweg in de filosofie. Kan ik leven zonder de maatschappij? Wat ben ik hen verplicht? Wat is ons doel hier?

De verwachtingen lagen dan ook hoog voor hem. Hij werd door testafnemers op zijn achtste een genie genoemd. "Ach zo, en wat ben je daar nu mee?", vroeg ik hem. Hij haalde verbaasd zijn schouders op. Wat ben je daar inderdaad mee, als je daarna kan vertrekken en weer staat waar je begonnen bent? Wat weet je nu meer dan ervoor, behalve dat je nu een etiket draagt dat gepaard gaat met extreem hoge verwachtingen.

Doorheen de jaren aan begeleiding en de vele gesprekken met vele tieners ben ik goed gaan begrijpen wat ze bedoelen. Ik heb geleerd dat er ontzettend veel normen en waarden zijn waaraan ze - vaak impliciet - moeten voldoen. Omdat het zo hoort, omdat het nu eenmaal zo is. Deze normen en waarden in vraag stellen, is rebellie en zet hen op een eilandje in onze maatschappij.

Het is een zoektocht die ik bij veel tieners herken: ik versus de maatschappij. Die zoektocht naar jezelf blijkt een cruciale maar vaak eenzame tocht, zeker in een wereld die zo ver van de jouwe staat. Hoe hoger begaafd, hoe groter het conflict tussen jezelf en de verwachtingen van de omgeving (Neville et al, 2017).

De hoogste verwachting is die van hun stempel. Uitzonderlijk hoogbegaafd. Zulke begaafdheid houdt uitzonderlijke prestaties in. Je moet aan je potentieel voldoen, je moet je talenten ten volle benutten. 'De dooddoeners van je eigen initiatief en goesting', noem ik ze. Een verwachting waar je nooit aan kan voldoen en die mij bij bijna vanzelf een boel vragen doet opborrelen:

-Wanneer heb je je potentieel bereikt?

-Wie bepaalt waar dat bereikte potentieel ligt?

-Hoe weten we of we het bereikt hebben: staat daar dan een krijtstreepje, een vlagje, …?

Hoeveel mensen met een normale begaafdheid voldoen aan hun potentieel, benutten ten volle hun talenten of volbrengen hun taak in de maatschappij? Pas wanneer we daar een cijfer over hebben en met dezelfde aangepaste omgevingsfactoren onze kinderen tegemoet komen, kunnen we écht weten wat we van onze uitzonderlijk hoogbegaafde kinderen mogen verwachten.

Uitzonderlijke hoogbegaafdheid is een puur statistische term en geeft in sé enkel een indicatie over hoe vaak het voorkomt.

Laat ik even de jongeren aan het woord laten:

Gesprekken met tieners

Ik heb zo vaak het gevoel dat de maatschappij veel van ons verwacht. We moeten hoge studies doen, we moeten een waardevolle bijdrage leveren, duurzaam en ethisch zoals zij het zeggen, we moeten aan ons potentieel voldoen. Maar waarom? Wat heeft de maatschappij ooit voor ons gedaan?

De Gauss-curve van intelligentie doet me altijd terugdenken aan de colaflesjes-uitleg van een vroegere wiskundeleraar. Stel, je werkt in een flesjesfabriek. De flesjes die je produceert, moeten een bepaalde inhoud hebben. In dit bepaalde geval 50 cl. Daar mag een foutenmarge van 2 cl opzitten: flesjes van 48 of 52 cl zijn nog oké, maar flesjes met meer of minder inhoud, komen terecht bij het afval. Als jong meisje kwam toen mijn rechtvaardigheidsgevoel naar boven (jawel, voor die colaflesjes…). Wat een verspilling, er was toch niks mis met die andere flesjes, het is toch nog steeds dezelfde cola?

Wanneer we over onze uitzonderlijk hoogbegaafde kinderen bezig zijn, denk ik vaak terug aan dat colaflesjes-verhaal. De afwijkingen in onze maatschappij worden nog vaak bij het afval gezet. De norm is het ultieme doel. Al is er hier één verschil. De overvolle colaflesjes zouden net die flesjes zijn die bij ons op de reclameborden komen te staan, pronkend met hun fantastische inhoud en hoe ze deel uitmaken van onze toekomstvisie, … om vervolgens in de vuilbak te belanden omdat ze niet aan de norm voldoen.

We sturen zeer gemengde signalen naar onze hoogbegaafde kinderen. Ze voelen zich hierdoor onzeker en twijfelen of het wel oké is om hoogbegaafd te zijn, om zichzelf te zijn. Vaak is de boodschap: ja, maar… Hoogbegaafd zijn is prima, zolang het maar past in het plaatje dat de maatschappij over hoogbegaafdheid heeft. Later in dit boek leer je hoe eng, onvolledig en bevooroordeeld dat plaatje eigenlijk wel is …

3.   Vanuit wiens perspectief praten we?

Iedereen leeft, ook al is zijn omgeving dezelfde, toch in een andere wereld. - Schopenhauer

Mocht morgen de norm zijn om op je handen te lopen in plaats van op je voeten, doe je dat dan ook, alhoewel je weet dat dit ongezond is? Doe je dat dan ook, omdat het nu eenmaal verwacht wordt en je toch moet 'meekunnen' in de maatschappij? Als je nu nee zegt, lijkt dat zeer vanzelfsprekend. Je wil toch niet op je hoofd te vallen en een hersenschudding oplopen, of erger, een hersenbloeding door te lang ondersteboven te staan? Het perspectief van de 'rebel' lijkt heel vanzelfsprekend in dit geval, juist?

Rebellie heeft vaak een negatieve bijklank. Rebelleren hoort niet. Uitzonderlijk hoogbegaafden worden vaak als de rebel gezien. Ze rebelleren tegenover de gangbare normen en waarden. Ze rebelleren tegenover de manier van werken. En daar wordt de maatschappij dan weer boos van. Misschien is het dan de maatschappij die rebelleert tegenover uitzonderlijk hoogbegaafden?

Misschien is het voor de maatschappij te confronterend als iemand ruimte voor verbetering ziet en zaken in vraag stelt die in vraag gesteld moeten worden.

De postzegelplakker

Stel: je hebt een nieuwe job, je mag starten als postzegelplakker. Elke dag plak je duizenden postzegels op brieven. De richtlijnen over hoe je de postzegel moet plakken, zijn duidelijk en strikt: in de rechterbovenhoek, mooi recht, op 3 mm van de boven- en zijkant van de envelop.

De eerste dagen verlopen goed: je hebt leuke collega's, je praat met elkaar en je helpt elkaar. Je kijkt naar de bestemmelingen op de enveloppen en je leert nieuwe soorten enveloppen kennen die je nooit eerder hebt gezien.

Na een tijd lijkt er niet veel nieuws meer te gebeuren: alle soorten enveloppen heb je nu wel gezien, je collega's lijken steeds over hetzelfde te praten, de moppen worden voorspelbaar.

De dagen voelen steeds langer aan. Je denkt aan wat je 's avonds gaat eten, aan wat je dan allemaal nog kan doen dan. Je telt af hoeveel uren je nog moet werken. Hoeveel minuten en seconden zijn dat? Je berekent hoeveel postzegels per minuut je kan kleven en je gaat hierover een wedstrijd aan met jezelf. Je zingt een liedje in je hoofd en probeert op het ritme te plakken, je doet alsof je een machine bent.

Langzaam maar zeker ga je wat langere pauzes nemen, je zit wat langer op het toilet, je kijkt door het raam en ziet hoe de bloemen buiten elke dag een beetje groeien en je vraagt je af of muziek nu echt een invloed heeft op de groei, je houdt bij hoeveel uur zon ze zien, … Je inspecteert die scheur in de muur: groeit ze?

Je werk gaat steeds trager en wordt slordiger. Je vergeet al eens een postzegel te plakken, en de millimeters zijn ook niet altijd even correct. Je hebt het al een paar keer mogen horen van je overste. Je was nog zo veelbelovend, zei hij. Je kwam zelfs in aanmerking voor een promotie, maar dan 'moet je natuurlijk wel tonen wat je in je mars hebt'.

Die promotie interesseert je eigenlijk al niet meer, maar de vraag hoe je promotie kan krijgen door het kleven van postzegels blijft de rest van de dag door je hoofd spoken.

Voel je de weerstand ook? Afhankelijk vanuit wiens perspectief je de wereld bekijkt, is het mogelijk om uitzonderlijk begaafde kinderen wel of niet te begrijpen. Pas door het idee los te laten dat deze kinderen zijn zoals de meerderheid van kinderen in de maatschappij, kan je pas zien wat écht nodig is.

We kijken altijd naar anderen vanuit onze eigen culturele achtergrond en eigen culturele normen. Als uitzonderlijke hoogbegaafde, met je uitzonderlijk hoogbegaafde brein, sta je echter buiten de grenzen van wat aanvaard wordt binnen de culturele normen.

Vanuit de wisselwerking tussen de sociale norm en hun manier van denken loopt het dan ook vaak fout. Wanneer we kijken naar wat een kind nodig heeft, doen we dit meestal vanuit ons eigen perspectief. We zien differentiatie bijvoorbeeld als een beloning, en niet als een basisbehoefte voor dit kind. Straffen en belonen wordt gebruikt als opvoedingstechniek. Pas wanneer kinderen luisteren naar ons, gaan wij naar hen luisteren.

We verplichten kinderen om te spelen omdat dat 'zo hoort'. Hierdoor zien we niet het spel in hun chemische experimenten, het creatieve in hun filosofische gedachten of hun glimlach wanneer ze een natuurencyclopedie cadeau krijgen. Waar denk jij dat ze 's nachts over dromen?

Jongeren en hun ouders over UHB

In dit deel vind je getuigenissen van tieners en ouders. Getuigenissen die ze speciaal voor het boek schreven. Sommige getuigenissen vind je al versnipperd doorheen het boek, omdat ze bepaalde hoofdstukken zo helder illustreerden. Sommige getuigenissen zijn te lang om ergens bij te plaatsen als citaat, maar te mooi en te pakkend om te schrappen.

De getuigenissen zijn gedrukt met toestemming van de auteurs. Waar nodig is de taal aangepast om de leesbaarheid te vergroten.

Daan, 14 jaar

Daan

Hoogbegaafdheid is een soort X-factor. Iemand is in staat tot het relativeren van het materiële, ten voordele van het eigen geluk. Het nihiliseren van het lijden, door middel van het toepassen van kennis, die enkel door iemand met een uiterst hoog IQ kan omvat worden. Ik geloof niet in een gradatie binnen het hoogbegaafd zijn. Men is het, of niet.

Mama van Daan

Daan sloeg in zijn ontwikkeling heel veel stappen over. Zo kroop hij nooit, maar leerde hij op 11 maanden plots lopen. In het leren spreken, was hij zeker niet de snelste. Hij kon wel al heel jong het telefoonnummer van z'n oma intoetsen, wat een keer van pas kwam toen ik plots onwel werd in de badkamer. Hoewel hij niet met woorden kon duidelijk maken wie hij was, begreep mijn moeder al snel wie er aan de lijn was.

Op alle vlakken was hij zeer snel van aannemen. Hij begreep alles wat je zei, maar praten deed hij niet. In de eerste kleuterklas bleek hij een heel sociaal kind: hij wuifde naar iedereen en kende alle namen van de oudere dorpsgenoten. "Dag Jenny! Alles goed?" Geweldig was het als je hem van school ging halen.

 Als klein kind kon hij bepaalde kledingstukken niet verdragen. Etiketten in kledij, knoopjes of velcro aan schoenen irriteerden hem. "Mama, dat doet pijn aan mijn hoofd" zei hij wanneer je de velcro opentrok. Op 7-jarige leeftijd verslikte hij zich in een lolly. Dit incident legde bij Daan hierdoor blijkbaar een vreemde link. Hij wilde niet meer eten. Zware maanden volgden en Daan vermagerde zienderogen. Een bezoek aan een kinderpsychologe drong zich op. Na een aantal sessies kregen we de boodschap : proficiat, uw kind is hoogbegaafd.

En daarmee moesten we het doen.

Ikzelf ben hierover altijd heel open geweest tegenover Daan. De jaren die volgden waren met ups en downs. Op school behaalde Daan zeer goede resultaten maar telkens weer kwam de boodschap: "hij kan beter als hij maar wil" De school bood hem extra oefeningen. Dit voelde voor Daan echter meer als een straf en dus paste hij zich aan en zorgde hij dat hij mee was met de middenmoot. Hij excelleerde enkel op thema's die hem echt boeiden.

Vaak kregen we te horen dat Daan niet sociaal is. Voor ons was hij echter uitermate sociaal, maar alleen bij personen waar hij een klik mee maakte. Met leeftijdsgenoten klikte het niet en hij zocht eerder contact met oudere of net zeer jonge kindjes. Samen spelen met leeftijdsgenoten resulteerde meestal in ruzie: Daan kwam bij hen vrij 'dominant' over.

Zijn honger naar kennis was al vroeg te bespeuren. En hoewel sommigen me gek verklaarden dat ik mijn 7-jarig kind al seksuele voorlichting gaf, ben ik toch achteraf blij dat ik altijd eerlijk met hem was. Wat doe je anders als je kind hier op die leeftijd al ernstige vragen over heeft…

Geen enkel onderwerp was voor ons taboe en we sleten ettelijke uren samen terwijl hij bijvoorbeeld in bad zat al pratend over tal van onderwerpen…

Zijn overstap naar het eerste middelbaar viel mee. Hij maakte een klik met een leerkracht die wel wat in hem zag. Achteraf daar op terugkijkend, denk ik dat zij er voor gezorgd heeft dat hij het zo lang vol gehouden heeft. Na de schooluren bracht hij tijd met haar door in de natuur, wandelden ze met de honden of de paarden en zij was degene die hem alternatieve methoden bijbracht over hoe om te gaan met jezelf..

In de loop der jaren kampte hij ook vaak met fysieke problemen als reflux, maaglast of hoofdpijn. Het laatste jaar dat hij naar school ging ontwikkelde hij vaak paniekaanvallen in de vroege ochtend voor zijn vertrek naar school. Ook kreeg hij last van smetvrees in lichte mate. Na verschillende huisartsbezoeken werden hem antidepressiva voorgeschreven, maar na een paar dagen nam Daan zelf de beslissing dat deze voor hem niet de oplossing waren. Na enkele bezoeken aan een psycholoog, die hem niet echt bleek te liggen, ben ik via een zoektocht op het internet bij jou terecht gekomen. Sinds dan staan we veel verder.

Het is nu zaak om de band die hij verloren is met de maatschappij terug te vinden. Daan heeft zichzelf tactieken aangeleerd om zichzelf te beschermen, om niet gekwetst te worden. Hij is een zeer gevoelig "vogeltje". Hij heeft nooit geleerd dat je moet werken om iets te bereiken. Hij zal daarom altijd de makkelijkste weg kiezen, bang om te falen. Hij is sterk zoekende naar wat hij wil. Op dit moment lijkt hij wel een driedubbele puber in huis.

Na zijn schoolperiode ging Daan af en toe werken in een broodjeszaak. Daar bleek dat hij over een enorme flexibiliteit beschikt. Zijn razend enthousiaste werkgever vond dat hij fantastisch werk levert. Dat terwijl hij thuis zelfs z'n sokken niet in de wasmand krijgt. Daan weet perfect wat er van hem verwacht wordt. Ik voel echter aan dat hij dat "toneel spelen" zoals hij dat noemt, niet altijd even graag doet. Vandaar dat hij zo graag 's nachts leeft, denk ik.

Finn, 15 jaar

Finn, 15 jaar

Mijn advies voor UHB: blijf jezelf, zoek en gebruik je eigenschappen, vind je passies en laat de dingen die je kwaad maken los. Hou ook je eigen mening nooit voor jezelf, ook al is dat niet de algemene gangbare mening.

Ik zou vooral mijn woede onder controle willen krijgen in de hoop dat ik nooit meer een depressie of zelfmoordgedachten zou krijgen.

Een groep voor UHB op school zou een goed idee zijn omdat deze jongeren dan tenminste daar met elkaar op hoger intellectueel niveau kunnen praten.

Ik hoop dat dit boek anderen helpt en dat ik later eindelijk kan doen waar ik goed in ben.

Dit boek moet kinderen verzekeren dat er niks mis is met hen en dat ze een van de geschenken op de wereld zijn. Ze hoeven zich dus niks aan te trekken van wat de maatschappij denkt.

Ouders van Finn

Wanneer hebben jullie de uitzonderlijke hoogbegaafdheid ontdekt? Werd een verschil gemaakt met hoogbegaafdheid?

Wat merkten jullie op aan jullie kind?

Als baby was onze zoon zeer alert. Hij kon zich goed bezighouden zolang er voldoende afwisseling en uitdaging was. Hij had een snelle taalontwikkeling en leerde snel de verschillende kleuren. We groeiden mee op zijn ritme en gaven hem zo onbewust de uitdaging die hij nodig had. We konden niet vergelijken met andere kinderen, want hij is ons eerste kind en de oudste in onze familie. Hij groeide op als een zeer guitige en grappige jongen die heel graag boeken las of zich verkleedde en zich uren kon amuseren met rollenspellen met diertjes, Lego of Playmobil. Hij puzzelde al snel heel goed en zijn woordenschat was enorm groot voor zijn leeftijd. In de kinderkribbe beleefde hij leuke tijden tot zijn 2 jaar, toen was hij er uitgekeken. We gaven hem dagelijks een rugzakje mee met speelgoed van thuis waar de andere kinderen helemaal nog niet aan toe waren. We hebben regelmatig moeten vechten tegen uitspraken dat we ons kind te moeilijke dingen aanboden, niet voor zijn leeftijd, maar als ouder voelden we dat hij het nodig had.

Hij startte in januari in de instapklas en had een hele lieve juf. Onze zoon ging graag en kreeg voldoende nieuwe uitdagingen en materialen. Het volgende schooljaar zat hij bij dezelfde juf, in hetzelfde klasje waar hij dezelfde materialen en dezelfde thema's kreeg voorgeschoteld. Al snel wilde hij niet meer naar school, het was er 'saai'.

Als kleuter vond hij het moeilijk om afscheid te nemen aan de schoolpoort. Zijn juffen zeiden dat we het afscheid kort moesten houden, maar toch bleef hij hartverscheurend huilen en wilde hij weer mee naar huis. Enkele dagen per week bracht ik hem zelf naar school, de andere dagen werd hij door de onthaalmoeder afgezet. In dit laatste geval verliep aan de schoolpoort alles vlot, omdat hij met zijn onthaalouder niet dezelfde band had als met mij, waardoor de juffen dachten dat het aan mij als ouder lag. Uiteindelijk bleek dus dat hij school heel saai vond, en de schoolwerkjes voor hem niet zinvol. Dit werd door zijn juf gezien als luiheid, maar tegelijkertijd schrok ze toch ook wel van zijn interesses en zijn uitgebreide kennis rond een thema als 'Egypte'. Toch heeft het even geduurd tot we bij hoogbegaafdheid kwamen.

Welke ups en downs hebben jullie met jullie kind meegemaakt?

We gingen altijd op zoek naar nieuwe uitdagingen, sport, muziek, … maar hij was alles snel weer beu. Hij vond het ofwel saai, of kon niet snel genoeg nieuwe dingen leren of de manier van aanleren, was te kinderachtig … We kregen regelmatig te horen dat hij zich aanpaste aan de middenmoot van zijn klas of groep en hij ging pas vooruit als een ander klasgenootje het voorbeeld gaf. Op die manier kregen zijn juffen of begeleiders nooit te zien wat hij echt kon.

Hoe ouder hij werd, hoe moeilijker het was om hem te blijven motiveren om iets aan te vatten of vol te houden. Hij hield alles snel voor bekeken en ondernam zelf amper iets nieuws. Zo ging het ook met fietsen, zwemmen of andere leuke dingen. Uit schrik om iets niet te kunnen van de eerste keer, vermeed hij het liever. Hij leerde niet dat je je sommige dingen pas eigen kan maken door te proberen en te oefenen.

Hij werd uiteindelijk getest en de uitslag was een grote verrassing voor ons. We hebben nooit beseft dat hij zo slim was. Maar goed, wat doe je daar mee?!

De test gebeurde privé omdat alles wat met school gelinkt was geen goede ervaring was. Hij werd begrepen door de therapeute, had leuke babbels, de druk was er even niet, maar gaf ook duidelijke signalen van faalangst. Dit uitleggen aan de school bleek niet makkelijk en er kwam maar weinig begrip: over dit onderwerp was gewoon nog te weinig gekend. We hadden vele gesprekken op school, maar zijn leerkrachten vonden dat ze eerst wilden zien wat hij kon vooraleer verder te gaan met uitdaging of andere leerstof. Dit botste op grote frustratie van ons kind. Hij kon niet laten zien wat hij kon, hij paste zich aan en wilde niet anders zijn. Hij kreeg een tijdje extra werkjes, wanneer hij klaar was met de dagelijkse opdrachten en dat heeft even gepakt. Maar al snel kwam hij er achter dat hij als één van de enigen extra werk kreeg en dus paste hij zijn werkritme aan dat van zijn klasgenootjes aan.

Het is spijtig dat het onderwijs nog niet voldoende info heeft over uitzonderlijke hoogbegaafdheid en amper tools om aan de slag te gaan met kinderen met zulke leervoorsprong. Het is ook niet evident uiteraard want elk kind is is anders en heeft andere noden. Maar het nam onze zoon zijn zelfvertrouwen af, hij had nergens meer zin in, verloor zijn speelse en spontane levenswijze en dacht heel veel na. Elke avond zaten we samen op het 'grote' bed en kwamen er vele grote levensvragen naar boven. Gelukkig kon hij goed praten over zijn gevoelens, over wat hij meemaakte en kon hij zijn visie duidelijk maken. En gelukkig hadden we een sterke band met hem en vertelde hij ons veel over zichzelf. Hij kon haarfijn dingen toelichten en zijn eigen mening daarbij geven. Hij wees ons vaak op het feit dat wat je verwacht van een kind, je zelf ook moet doen, het goede voorbeeld geven dus. Ook nu nog brengt hij ons vaak aan het denken, hij laat ons dingen bekijken vanuit een ander standpunt, hij maakt ons los van vastgeroeste patronen in de maatschappij, ook al is dit niet altijd even gemakkelijk is voor zijn omgeving en krijgt hij daar niet het begrip voor dat hij verdient. Zijn schoolloopbaan verloopt nog altijd met pieken en dalen. Afhankelijk van de leerkracht voelt hij zich goed of niet en komt hij al dan niet tot leren. Hij is kieskeurig in omgang met anderen en moet eerst de zin van iets inzien vooraleer hij wil meewerken. We hebben hem meerdere keren moeten 'opvissen' om weer verder te kunnen gaan. Maar wat hij precies nodig heeft, weet niemand echt. We hebben ook tevergeefs vele dingen uitgeprobeerd, tot hij het zelfs niet meer wou proberen. Hij gaf al meermaals duidelijk aan dat niemand hem kan helpen, dat we hem niet begrijpen. Hij vind vaak de energie niet meer om iets nieuws te proberen...

Hij keek enorm uit naar de middelbare school. Daar zou het leuk worden, daar zou hij nieuwe dingen leren. De teleurstelling was er snel. En hoewel hij zelf zijn school en studierichting uitkoos, bleek de teleurstelling groot toen hij besefte dat 'zijn' verwachtingen niet werden ingevuld. Het leerproces ging vanzelf, hij behaalde goede resultaten zonder al te veel inspanningen. Maar hij was ongelukkig in de klasgroep. Hij veranderde van school, terug naar zijn vriendengroepje waarmee hij de lagere school had verlopen en kwam dus in een vertrouwde omgeving terecht, en het leek alsof hij opnieuw 'vertrokken' was. Hij bloeide open, genoot van de vriendschappen en zijn prestaties bleven goed. Maar hieraan kwam ook weer snel een einde. Hij moest opnieuw van school veranderen voor zijn tweede graad en kwam terecht in een nieuwe omgeving met nieuwe verwachtingen en een nieuwe klasgroep zonder ook maar één van zijn vrienden, dit wegens een verschillende studiekeuze. Hij botste ook vrij snel tegen onbegrip van leerkrachten, de grote verwachtingen qua prestaties, opdrachten die hij onzinnig vond, … Tijd dus voor een gesprek met de zorgcoördinatoren van het CLB. Deze gesprekken verliepen wel goed en we kregen het nodige begrip, maar we werden telkens weer geconfronteerd met het feit dat de school geen kennis had over hoogbegaafde jongeren. Door de jaren heen hebben wij als ouder al heel wat informatie verzameld en we hebben de scholen dan ook tips gegeven en mogelijkheden aangereikt waarvan we wisten dat ze werkten. Maar voor scholen was dit was ongekend. Het schrikte hen af dat ze de controle over de leerstof en de evaluatie daarvan anders moesten aanpakken en dus wilden ze niet zover gaan. We werden daarom gevraagd om buiten de school extra hulp te zoeken. Zelf vinden wij dat élke leerling recht heeft op aangepast onderwijs. Zorg wordt blijkbaar enkel toegepast voor leerlingen die minder goed presteren, maar wat met onze zoon die uitdaging of snelheid nodig had om verder te kunnen leren? Hij heeft het uiteindelijk nog één trimester volgehouden om braaf elke dag naar school te gaan, terwijl dit voor hem duidelijk een zware kwelling was. Hij ging vooral om zijn vrienden te zien. Zijn prestaties daalden want studeren ging niet meer vanzelf en zijn faalangst kwam weer boven. Hij ging steeds minder naar school, vond geen energie meer, hij botste op onbegrip van leerkrachten, … Uiteindelijk kwam hij volledig thuis te zitten. Rust en niets doen, dat had hij toen nodig. Ondertussen studeert hij thuis en probeert hij zijn diploma te behalen via examencommissie. Een goed alternatief natuurlijk wanneer je schoolmoe bent, maar het is niet vanzelfsprekend om alles zelf uitdokteren. Als ouder neem je bepaalde beslissingen in het belang van je kind, maar ook dan bots je op vaak negatieve reacties van je omgeving.

Als je de kans kreeg, wat zou je dan anders doen, of net hetzelfde?

Ik denk dat wij als ouder toch wel op zoek zijn gegaan naar alle mogelijke oplossingen om onze zoon weer gelukkig te maken. Dat lukte ons niet altijd goed. Totdat je op het punt komt dat je niet anders meer kan dan de situatie te aanvaarden zoals ze is. Op dat moment leer je je verwachtingen los te laten. Onze zoon was op, hij had de energie niet meer. We gaven hem daarom de kans om te rusten, even de pauzeknop in te duwen om weer op eigen kracht naar boven te klimmen, zonder verwachtingen en op eigen tempo weer zichzelf vinden. We maken nu weliswaar kleine stapjes vooruit, maar zien onze zoon wel weer worden zoals hij 'ECHT' is. Het doet ons deugd als ouder ons kind weer gelukkig te zien. Luisteren naar de noden van je kind en hier vol vertrouwen gehoor aan geven, is het mooiste geschenk voor je kind. Op onze tocht waren obstakels, en er zullen er nog vele volgen. Maar wat het moeilijkste blijkt toch wel in te gaan tegen de normen van omgeving en maatschappij. In te gaan tegen de verwachtingen die opgelegd worden over welk parcours je moet volgen om succesvol te worden. Wij hebben een zijweg genomen met de nodige tegenkanting, maar achteraf zijn we blij dat we hebben doorgezet. We hopen dat onze kinderen beseffen dat waar je in gelooft ook waar kan worden. Hun geluk en welbevinden zijn onze prioriteit!

Gelukkig krijgt onze zoon weer toekomstperspectief. Hij begint stilaan te voelen waar hij naartoe wil en welke richting hij wil uitgaan in het beroepsleven. Hij wil tegelijkertijd ook graag andere kinderen en jongeren helpen die hetzelfde meemaken als hij. We moedigen hem aan om dit waar te maken.

Wat had er volgens jullie nodig geweest, wat zou er volgens jullie nodig zijn voor de begeleiding van deze kinderen?

We hebben een zoektocht afgelegd naar de juiste begeleiding en bij Talentvol hebben we dit gevonden. Onze kinderen gaan heel graag naar de activiteiten van Talentvol waar ze zich op hun eigen manier kunnen ontplooien tot gelukkige jongeren. Hier zijn ze niet anders, maar gewoon zichzelf!

Sophie, 15 jaar

Sophie

Ik ben Sophie en ik ben uitzonderlijk hoogbegaafd. Dit is iets waar ik tot op vandaag problemen mee heb. Het is niet allemaal rozengeur en maneschijn, zoals sommigen denken. Neen, niet alles gaat vanzelf en we zijn niet automatisch een computer die alles weet.

Het is eerder zo dat mijn brein iets vlotter gaan dan dat van anderen. In ieder geval ging… In de tijd dat ik naar school ging, heb ik geen uitdagende leerstof gekregen. Dit resulteerde in het feit dat ik nu schoolmoe ben, ongemotiveerd om te leren en dat ik eigenlijk niet kan leren. Ik heb nooit leerstof op maat gekregen om te leren leren en hiervan heb ik nu last. Nu pas, in het zesde middelbaar, krijg ik leerstof waarvoor ik moét leren. Tot nu toe ging het (inderdaad) allemaal vanzelf. Maar nu ben ik op het punt gekomen waarbij 'vanzelf' niet meer het gepaste woord is om mijn situatie te beschrijven. Integendeel, het gaat heel slecht met mijn schoolresultaten omdat ik niet kan leren. Hoewel ik probeer om te leren, mislukt dit meestal en zie je dit dan ook in mijn punten. Dit is echter niet het enige aspect dat in mijn ervaringen schuilgaat achter de term 'uitzonderlijk hoogbegaafd'.

Andere aspecten zijn 'teleurstelling' en 'isolatie'. Teleurstellingen heb ik doorheen mijn korte leven jammer genoeg al vaak moeten ervaren. Elke nieuwe kans werd een grotere teleurstelling. In mijn leven heb ik drie grote teleurstellingen meegemaakt. Elke keer momenten waar ik meer verwachtte dan wat het in werkelijkheid was. Bij elke teleurstelling zakte ik dieper en dieper en had ik minder en minder motivatie om verder te leren.

Nu kijk ik eigenlijk nergens naar uit omdat ik weet dat het een teleurstelling gaat zijn. De eerste teleurstelling was toen ik voor het eerst naar de kleuterschool ging. Ik keek zo uit naar eindelijk naar school gaan, eindelijk kinderen leren kennen van mijn leeftijd en mijn interesses. Uiteindelijk bleek dat ze niks konden. Ik wou gesprekken voeren, maar zij konden toen enkel antwoorden met eenvoudige woordjes. Wanneer ik een paars kleurpotlood vroeg, kreeg ik bijvoorbeeld een beeld. Dit was zo frustrerend, maar wat doe je dan? Je aanpassen aan de rest. Ik kon de anderen niet met mij op mijn niveau laten communiceren, dus deed ik het maar op hun niveau om niet uit de boot te vallen. Toen begon ik al te onderpresteren. Toen ben ik al gestopt met mezelf te zijn.

Mijn tweede teleurstelling waren al de momenten dat ik klassen mocht overslaan. Ik hoopte deze keren gelijken te vinden om interesses mee te delen. Niet dus. Dit waren momenten waarop ik gewoon accepteerde dat ik anders was. Een vreemde in een maatschappij vol mensen die mij niet begreep.

De derde teleurstelling was toen ik samen met andere uitzonderlijk hoogbegaafden ging praten. Ik hoopte iemand te vinden die mij wel begreep. Daar begreep ik dat ik zelf uitzonderlijk begaafd ben tussen de uitzonderlijk hoogbegaafden. Dat gaf mij het gevoel dat ik er écht alleen voor sta. Nog steeds zoek ik iemand die misschien op mijn niveau komt. Een zoektocht die ik eenzaam maak. Dit gevoel van isolatie van de buitenwereld is iets dat er altijd al is geweest.

Ik ben anders. Ik ben raar. Ik hoor er niet bij. Voor de buitenwereld lijk ik een vrolijke tiener waar het allemaal goed mee gaat. Vanbinnen wil ik mezelf herontdekken. Ik ben onzeker over wie ik eigenlijk ben. Ik heb me nog nooit zo onzeker gevoeld als nu. Ik, die door niemand word begrepen. Ik, die niemand begrijpt. Het is erg frustrerend om elke keer niet begrepen te worden. Elke keer hetzelfde gevecht om erkenning en hulp, zodat ik mezelf zou kunnen ontdekken. Ik wil weer weten wie de Sophie is van voor ze naar school ging, voor ze begon met onderpresteren. Ik wil iemand anders vinden die dit ook begrijpt. Die mij begrijpt. Ik heb de 'oude' Sophie ook nodig om mij door mijn studies te helpen, zonder te onderpresteren.

Door mij te veel aan te passen aan de rest ben ik mezelf verloren.

Ook al 'hoor' ik bij de groep, ik voel me vaak geïsoleerd omdat ik anders met mensen omga. Het is een eenzaamheid in je hoofd. Elke keer wanneer je iets anders doet dan de rest, denk je dat dit je eigen fout is,. De rest doet het nu eenmaal allemaal op dezelfde manier. Hierdoor heb ik een bepaald soort perfectionisme of faalangst ontwikkeld. Ik word vaak gefrustreerd als iets de eerste keer niet wil lukken, zeker als ik hiervoor mijn best doe. Daardoor doe ik vaak helemaal niks, om toch maar geen fouten te maken. Ik geraak zo heel gedemotiveerd. Ik heb veel onzekerheden: Doe ik het wel goed? Wat denken anderen van me? Hoe kom ik over op andere mensen? …

Ik voel me zo anders dan de rest, dat ik niet meer weet hoe ik me niet moet aanpassen. Het is veel gemakkelijker om mij aan te passen aan de rest dan gewoon mezelf te zijn.

Door al die teleurstellingen en door mijn contact met anderen, ben ik nu wie ik ben.

Mama van Sophie

Dat Sophie hoogbegaafd is, was mij heel snel duidelijk. Dat ze UHB is had ik door toen ze 4 jaar was. Ik ging naar infoavonden en praatmomenten van Bekina maar vond daar geen aansluiting. Sophie was anders en kon veel meer dan de kinderen waar die ouders over vertelden. Dit werd ook bevestigd door de IQ-test die ze had afgelegd aan de CLB. Sophie was op jonge leeftijd zeer taalvaardig. Ze had op alles zeer snel een antwoord. We ontdekten dat ze op 18 maanden alle letters van het alfabet kende. Ze kon al de treden van de trap tellen, terwijl ik nog haar beide handjes vasthield om zo de trap op te lopen, omdat ze nog zo klein was.

Toen ze 3 was kon ze namen van familieleden verbinden met hun leeftijd die door elkaar stonden. Ze kon in een pretpark het plattegrond lezen en zeggen waar ze naar toe wou en achteraf op de plattegrond aanvinken in welke attracties ze hoeveel keer geweest was (ze zat toen nog in een buggy). Ze kon woorden lezen zoals 'sappige appel', 'wollige schapen'. Het lezen heeft ze zichzelf aangeleerd. Ze kon rekenen. Toen ze 4 was, kon ze minstens 80 landen op de wereldkaart aanduiden en de hoofdsteden erbij zeggen. Dit op een tempo dat een volwassen persoon niet kan bijhouden. De wereldkaart was destijds haar placemat om haar stil te houden tijdens het eten. Al snel las ze uit voorleesboeken. Haar lievelingsverhalen kon ze volledig uit haar hoofd opzeggen. Ze kon oneindig tellen in 2 talen (Nederlands en Kantonees), tot 10 tellen kon ze in het Engels, Frans, Duits, Mandarijn.

Vanaf het moment dat ze woorden begon op te schrijven en de digitale klok begon af te lezen heb ik aan de bel getrokken op school. Ze zat toen in de tweede kleuterklas. Thuis kon ze al veel meer dan haar zus die 2 jaar ouder is. Op gegeven moment werd er beslist dat ze tweede leerjaar mocht overslaan. Deze maatregelen waren zeker niet voldoende, maar was van de alle oplossingen de minst ongepaste.

Ik vind dat de wereld moet weten dat er enorm veel verschil is tussen hoogbegaafde kinderen, zelfs tussen uitzonderlijk hoogbegaafde kinderen. Ik heb altijd het gevoel gehad dat ik als ouder er helemaal alleen voor stond. Ik heb alle beslissingen zelf moeten nemen. Onze problemen werden nooit begrepen. Het is triest dat het CLB 11 jaar geleden geen gepaste oplossing had voor Sophie. Ondertussen zijn we 11 jaar later en staan ze blijkbaar geen stap verder.

Een uitzonderlijk hoogbegaafde mentor zou ideaal zijn. Sophie mist ontwikkelingsgelijken.

Jesse, 16 jaar

Max 14 jaar

Milan 8 jaar

Ouders van Jesse, 16 jaar; Max 14 jaar; Milan 8 jaar

Wanneer hebben jullie de uitzonderlijke hoogbegaafdheid ontdekt?
Werd een verschil gemaakt met hoogbegaafdheid?

Jesse: 16 Jaar

Hij heeft geen diagnose HB of UHB. We hebben dit zelf ontdekt na
een zoektocht van 12 jaar.

Max: 14 jaar

Ook bij hem hebben we dit zelf moeten achterhalen. Hij werd gezien
door zijn omgeving als een 'ADHD'er die weinig of niets kon'. Ook hij
is nooit getest op hoogbegaafdheid. Die link werd pas gelegd op z'n
14de en kort daarna hebben we zelf via gesprekken met jou ook de
link met UHB gelegd.

Milan: 8 jaar

Uit een schoolvorderingsonderzoek bleek dat hij op bijna alle vakken
een voorsprong had van1 tot2jaar.
Een IQ-test gaf echter aan dat hij meerbegaafd was, "helemaal niet
HB"

We hebben als ouders bij alle drie de link met UHB pas gelegd na
contact met jou

Wat merkten jullie op aan jullie kind?

Jesse was al schoolmoe sinds het tweede leerjaar. Hij was hoogsensitief. De school bleek al snel loodzwaar voor hem: hij zat apathisch in de klas en kon niet tegen grote drukte. Hij had nachtmerries van het tweede tot het vierde leerjaar, ondervond moeilijkheden om in te slapen (uiteindelijk opgelost met melatonine), hij werd gepest op school, gaf zelf echter nooit aan dat hij school saai vond. Zijn leerkrachten vonden hem een engel in de klas maar thuis ontplofte hij voortdurend. Hij kwam regelmatig thuis van school en liet dan zijn hoofd op tafel vallen om te slapen tot 15u of lag eerst een half uur in de zetel te stampen, gillen, huilen,…

Max was tot de kleuterschool een zalig kind. Hij was een doener/ontdekker/doorzetter in alles, draaide iedereen rond zijn vinger in de crèche en stopte niet tot iets lukte. Ook hij werd op de kleuterschool als ADHD'er bekeken en gelijkaardig behandeld. Max veranderde daar compleet in een kind met woede-uitbarstingen, nachtmerries, bedplassen, …School interesseert hem al lang niet meer, voor hem is dat enkel nog bezigheidstherapie. Hij denkt als een TGV en ondervindt moeilijkheden om zijn gedachten te ordenen

Milan voelde zich van zeer jongs af thuis tussen 10-plussers. Hij is heel zelfstandig en trekt zich van anderen weinig aan. Zo liep hij in de kleuterschool een volledig schooljaar rond met knalroze Mega Mindy-schoenen en had hij een prinsessenbel aan zijn fiets, ook al lachte iedereen hem daarmee uit. Hij is een minimalist in hart en nieren als het over knutselwerk gaat. Hij heeft een vast vriendinnetje al vanaf de 1ste dag op de kleuterschool (al bijna 7 jaar, zij is ook HB net vastgesteld). Op z'n 4e wilde hij al beginnen werken om een huis en auto te kopen voor haar en ze hadden zelfs al namen voor de kinderen en kleuren van kinderkamers gekozen ook. School is een ramp en hij is dan ook al meer thuis dan op school geweest. Hij begon in het 1ste leerjaar uit zichzelf te rekenen tot 1000. Maaltafels heeft hij nooit geautomatiseerd: hij rekent ze extreem snel uit in zijn hoofd. Op 7 jaar kon hij al mee met de leerstof van de oudere broers (middelbaar). Tegelijkertijd is hij heel gevoelig. Hij leest graag, maar wil zijn hoofd niet gebruiken.

Welke maatregelen werden er genomen en waren deze voldoende?

Enkel bij de jongste zijn er maatregelen genomen: hij versnelde 1 keer, ging naar de kangoeroeklas en volgde 2 dagen buitenschoolse begeleiding. Niettegenstaande bleef school voor hem doodsaai en werd hij er ziek van.

Uiteindelijk hebben we zelf maatregelen genomen. We zijn overgestapt op thuisonderwijs en examencommissie voor dit schooljaar. Dan is hij net 9.

Welke ups en downs hebben jullie met jullie kind meegemaakt?

Waar moet ik beginnen?

•Bijna opname kinderpsychiatrie van onze oudste, net kunnen voorkomen

•Panische angsten (geen deur die nog toe mag en ik moest een tijdje altijd gezien worden, ik kon dus geen seconde alleen zijn)

•Vreetbuien

•Bedplassen

•Nachtmerries

•Niet alleen durven slapen

•Geen seconde rust dus

•Dat zijn de eerste dingen waar ik aan denk

Als je de kans kreeg, wat zou je dan anders doen, of net hetzelfde?

Er zijn heel veel dingen die we niet wisten.We hebben heel veel professionals gezien de afgelopen jaren maar niemand heeft ooit over HB of UHB gesproken.

Wat had er volgens jullie nodig geweest, wat zou er volgens jullie nodig zijn voor de begeleiding van deze kinderen?

Er is absoluut meer kennis nodig binnen onderwijs en hulpverlening, om misdiagnoses te voorkomen.Op tijd detecteren zorgt sowieso voor minder schade.

Meer mogelijkheden in bijvoorbeeld combinaties van graden, lager & middelbaar & zelfs hoger onderwijs zou ook een grote hulp zijn. En in plaats van klassen zoals nu, zouden overschrijdende jaren voor UHB kinderen meer ideaal zijn …

Emma, 10 jaar

Zoë, 5 jaar

Wanneer hebben jullie de uitzonderlijke hoogbegaafdheid ontdekt? Werd een verschil gemaakt met hoogbegaafdheid?

We hebben Emma officieel laten testen toen ze bijna 9 was. We hadden eerder wel al twijfels. Bij Zoë was het al sneller duidelijk omdat we door de ervaring met haar zus wisten waar we op moesten letten en omdat de psychologe die Emma getest had er ons op wees dat de kans bij Zoë ook erg groot was.

Er werd bij de test van Emma inderdaad gesproken van uitzonderlijke hoogbegaafdheid omdat ze een 145+ score had.

Wat merkten jullie op aan jullie kind?

Bij Emma merkten we al snel dat ze anders was dan andere kinderen. Het leek alsof de andere kinderen achter zaten in ontwikkeling. Dat weten we in het begin aan het feit dat elk kind anders ontwikkelt.Na een tijd begon het toch tot ons door te dringen dat die verschillen niet zo groot konden zijn. Emma's interesses waren anders en diepgaander, ze sprak veel beter dan de rest en op school was het een totaal ander kind dan thuis.

Als we terugkijken naar de babytijd waren er daar achteraf gezien ook al duidelijke tekenen want ze sliep bijvoorbeeld enorm kort en weinig, liep ondanks de vroeggeboorte op sommige vlakken voor in de ontwikkeling, zocht constant entertainment en aandacht, was superalert, een van haar eerste volzinnen was "ik kan dat niet"

Ook bij Zoë speelde al snel het feit dat ze anders is dan andere kinderen (iets wat zij zelf ook al enige tijd aangeeft). Ze had al snel een erg 'rijke' woordenschat die ze enkel thuis liet horen. In tegenstelling tot haar zus had ze juist veel slaap nodig, maar ze was ook een heel alerte baby (ik heb nooit rustig slapende, 'platte' baby'tjes gehad ondanks vroeggeboortes). Ondanks vroeggeboorte doorliep ook zij een hele vlotte ontwikkeling. Zo greep ze al op enkele weken al heel gericht naar dingen. Al heel vroeg ontwikkelde ze interesse in Engels en ook een van haar eerste volzinnen was "ik kan dat niet. Zoë heeft een enorm sterke wil.

Verder ook nog:

Het grote rechtvaardigheidsgevoel vanaf heel jonge leeftijd

Heel intensief gedrag, veel aandacht vragen, veel vragen stellen, veel praten (zelfs als ze zouden moeten slapen)

Heel prikkelgevoelig

Met beide kinderen konden er al snel gesprekken gevoerd worden zoals met een volwassene

Asynchroniteit, vooral bij Emma heel duidelijk merkbaar bij het ouder worden dat die asynchroniteit wel erg groot is

Faalangst en perfectionisme: als iets niet direct lukt dan worden ze boos, willen ze meteen stoppen en wenen ze. Soms willen ze ook ergens gewoonweg niet aan beginnen omdat ze al op voorhand weten dat het toch niet helemaal goed gaat zijn of zoals zij het in hun hoofd hebben.

Welke maatregelen werden er genomen en waren deze voldoende?

Op school werden geen maatregelen genomen. Ze namen zelfs nauwelijks de moeite om te laten weten dat Emma blijkbaar wel een voorsprong had. Dat ze met lezen een stuk verder stond hoorde ik eerst van een bevriende leesouder en pas op het einde van het schooljaar van de leerkracht. Dat ze bij rekenen een stuk verder zat, hoorde ik pas een jaar of 2 later van Emma zelf toen ze vertelde dat zij en een ander jongen als enigen een aantal rekenbundels verder zaten dan de rest van de klas. Na het eerste leerjaar zijn we op thuisonderwijs overgeschakeld. In het derde leerjaar merkte ik dat de gewone leerstof al lang niet meer volstond en ben ik overgeschakeld op materialen voor extra uitdaging.

Ook deze bleken echter niet te volstaan en voelden eerder aan als bezigheidstherapie. Zoë is nooit naar school geweest. Ik probeer thuis zoveel mogelijk uitdaging te bieden maar merk dat de schoolse leerstof nooit kan bieden waar Emma behoefte aan heeft. Het is dus altijd verder zoeken dan het schoolse. Zoë geeft bij leerstof van het eerste leerjaar ook al aan dat het soms veel te makkelijk is, dus ook bij haar probeer ik zoveel mogelijk via andere wegen dingen aan te bieden.

Ze hebben allebei erg veel aan de dagtrajecten.

Welke ups en downs hebben jullie met jullie kind meegemaakt?

Emma zit al erg lang niet goed in haar vel. Sinds de 2de kleuterklas had ze vaak buikpijn. Door thuisonderwijs is dit veel gebeterd maar er zijn toch nog steeds periodes waarin ze er veel last van heeft. Vaak geeft dit aan dat er weer nood is aan meer uitdaging maar soms heeft het ook andere oorzaken. Dit merkten we tijdens de Corona quarantaine.

Emma heeft een aantal hobby's die ze met plezier doet. Sinds enkele weken (alle hobby's zijn weggevallen vanwege Corona) heeft ze echter geen last meer van buikpijn. Voor ons is het duidelijk dat er dus ook een soort 'sociale stress' meespeelt bij de buikpijnklachten.

Emma voelt zich ook heel vaak eenzaam omdat ze moeilijk aansluiting vindt en kinderen totaal geen interesse hebben in de dingen die haar interesseren. Het sociale valt haar erg moeilijk hoewel ze graag sociaal wil zijn.

Wanneer we de juiste uitdaging vinden en haar interesse in iets nieuws gewekt is dan voelt ze zich weer een tijdje beter en zien we haar oogjes weer fonkelen. De grootste up was haar bezoek aan het CERN. Nog steeds begint ze helemaal te stralen wanneer ze daarover vertelt. De keerzijde was wel dat er een gigantische down kwam na dat bezoek omdat ze toen extra besefte hoeveel uitdaging ze daar wel had gekregen (ze had haar hersenen daar 'een beetje' aan moeten zetten) en dat zij het daar als enige kind tussen volwassenen zo interessant vond.

Met Zoë hebben we vanaf anderhalf een zeer moeilijke tijd gehad. Ze beleefde een 'helse peuterpuberteit', waarbij ze ons vaak echt pijn deed wanneer iets niet verliep zoals zij wilde, of wanneer we niet onmiddellijk begrepen wat ze wou. Achteraf bleek dat ze ontzettend veel frustratie ervaarde omdat ze zich niet kon uitdrukken zoals ze wou. Wanneer ze bijvoorbeeld boos was, wou ze niet gewoon kunnen zeggen "ik ben boos" maar wel " ik ben echt ontzettend boos omdat je me niet begrijpt". Ze heeft een heel sterk karakter en een enorme wil om haar zin door te drijven. We hebben ons lang zorgen gemaakt over haar gedrag dat soms extreem was, maar kunnen nu toch zeggen dat het veel beter gaat.

Als je de kans kreeg, wat zou je dan anders doen, of net hetzelfde?

We zouden Emma veel sneller weggehaald hebben van de school waar ze zat of - met wat we nu weten - misschien zelfs nooit naar school gestuurd hebben en meteen voor thuisonderwijs hebben gekozen. Dat had veel problemen en schade voorkomen. Wat ik zeker anders had willen doen was niet zo twijfelen om stappen te ondernemen om haar te laten testen (of op zijn minst een gesprek erover aan te gaan). Ik heb veel te lang gedacht dat enkel wij de enigen waren die zagen dat ze anders waren en ik was bang om weggezet te worden als 'weer zo een mama die denkt dat haar kind slimmer is dan de rest'.

Aan de andere kant is het misschien goed dat we zo lang getwijfeld hadden want Emma (en ook Zoë) toont niet graag wat ze in zich heeft en hadden we vroeger de stap gezet, dan had ze het misschien ook bij de test niet willen laten zien. Nu was er ook van haar uit heel sterk de vraag om getest te worden (omdat ze zich anders voelde, ongelukkig was, … maar niet wist waarom) en besefte ze ook heel goed dat ze tijdens de test echt wel mocht en moest tonen wat ze kon ook al vond ze dat lastig.

Bij Zoë zouden we nog opnieuw voor huisonderwijs kiezen. Met Zoë gingen we rond de leeftijd van 2,5 naar een therapeut maar achteraf gezien zou ik nooit nog naar een therapeut gaan zonder ervaring met hoogbegaafdheid.

Welke misvattingen bestaan er nog volgens jou en wat zou je willen dat de wereld over deze kinderen weet?

Een grote misvatting is dat deze kinderen stuk voor stuk wonderkinderen zijn die vlot door schoolse leerstof vliegen en bij wie alles vanzelf gaat. Mensen moeten beseffen dat deze kinderen zo anders in het leven staan, alles zo anders beleven en het vaak gewoon ook moeilijk hebben met hun anders zijn. Vaak zouden ze graag gewoon zijn zoals de meeste mensen.

Wat had er volgens jullie nodig geweest, wat zou er volgens jullie nodig zijn voor de begeleiding van deze kinderen?

Er is een compleet andere aanpak nodig voor deze kinderen. UHB kinderen passen niet in ons onderwijssysteem. Wanneer ze hiertoe gedwongen worden of uit zichzelf proberen er in te passen, worden ze vaak erg ongelukkig of ontwikkelen ze psychologische problemen voor. In een ideale wereld zou het onderwijssysteem helemaal anders in elkaar zitten. Ook examens zijn geen evidentie voor deze kinderen. Ook al kennen ze de leerstof wel, toch behalen ze soms slechte scores omdat de vraagstelling niet aansluit bij hun manier van denken. Scholen moeten vooral durven afwijken van de geijkte paden. Er wordt nu teveel vastgehouden aan mooi binnen de lijntjes kleuren en aan het doel dat ieder kind op vastgelegde momenten dezelfde dingen moet kunnen (denk maar aan automatiseren).

Anna, 6 jaar

Na een eerste versnelling als kleuter liep Anna op vijf jaar in het eerste leerjaar op het Lycée Français weer tegen een hoop problemen aan. Het klastempo was veel te traag, er werd geen uitbreiding geboden want ze was immers toch al versneld. De directrice beweerde doodleuk dat ze zich maar moest aanpassen aan de anderen en aan het programma. We besloten naar een andere school uit te kijken want we werden thuis met een depressieve vijfjarige geconfronteerd. Ze had geen zin meer om te spelen, ze was volledig schoolmoe en wou na de schooluren een uur tot anderhalf uur alleen doorbrengen op haar kamer. Tieners doen zulke dingen ook, maar meisjes van vijf?

Ons meisje was erg boos dat de andere kinderen wel nieuwe dingen mochten leren, en zij niet. Dat vond ze zo onrechtvaardig. De nachtmerries kwamen terug en alle listen waren goed om maar niet naar school te moeten vertrekken. De autosleutels werden verstopt in het speelkeukentje… Gelukkig zorgde de juf Engels voor een lichtpuntje. Zij moedigde Anna aan om door te zetten en om te leren op haar snelheid en haar niveau.

We besloten dat het zo niet verder kon en stapten over naar een Montessorischool in de buurt, waar ze toch minstens op haar eigen tempo zou kunnen leren en waar ze zelfstandig aan het werk zou kunnen gaan. Het eerste leerjaar werd daar verdergezet en haar leerkracht zorgde voor uitbreiding op maat met onder andere boekbesprekingen en rekenen op niveau.

Stilletjes aan merkten we op dat Anna, in een graadsklas met het eerste en tweede leerjaar, de inhoud van het tweede leerjaar zonder problemen volgde op vijfjarige leeftijd. Ze mocht onder andere ook al aan de maaltafels werken, waar ze toen expliciet om vroeg nadat ze het principe een paar maanden eerder zelf ontdekte.

Na de zomervakantie ging onze flinke zesjarige naar het tweede leerjaar, bij dezelfde juf. De graadsklas werd uitgebreid met het derde leerjaar. Na de eerste maand ging het zachtjes aan bergaf. Anna leed onder haar fixed mindset, en probeerde zich wanhopig te conformeren aan de manier van werken van de andere leerlingen van het tweede leerjaar.

Op een gegeven moment ging ze zelfs terug hakkend lezen omdat de anderen dat deden. Haar luikje ging op school niet meer open, en er moesten qua schoolwerk een hoop verplichte taakjes afgevinkt worden die niet langer bij haar niveau aansloten. Het werd ons duidelijk dat de gewoonlijke uitbreiding niet aan haar leerhonger beantwoordde, en dat ze al een tijdje op een waar leerdieet stond.

Als ouders begonnen we alle mogelijke wetenschappelijke literatuur na te pluizen om antwoorden te vinden. Op driejarige leeftijd werd Anna getest, en één van de IQ-testen gaf een resultaat van 150 aan. De verbinding was snel gelegd door ons als ouders, ook omdat de typische maatregelen voor hoogbegaafde kinderen niet volstonden, de uitbreidingsmap was voor haar echt niet diepgaand genoeg. De voorsprong op leeftijdsgenoten bedraagt al jaren ongeveer twee jaar, en dat is zonder echte inspanning van Anna. Als ze echt iets wil leren, dan staat er geen limiet qua leeftijd of snelheid op. Zo is ze een paar maanden geleden aan Latijn begonnen, en is ze tijdens de coronaweken bezig om alle leerstof over breuken erdoor te jagen.

Anna is op een doordeweekse dag als een sneltrein: alles moet snel gaan. Van het tandenpoetsen tot het terugrijden van school met de step, ze is constant in beweging. De enige manier om haar even tot rust te laten komen is een boek, en dat is al zo sinds ze begon met lopen op de leeftijd van acht maanden. Maar zelfs tijdens het lezen wordt er om de paar minuten van houding gewisseld.

Die snelheid legt ze ook aan de dag voor het leren, soms kan de inhoud niet snel genoeg moeilijker en complexer worden. Erg veel schoolse opdrachten zijn niet diepgaand genoeg. Een spreekbeurt over een Belgische koning voorbereiden is een hels karwei, want het verschil tussen wat ze op school kan zeggen en alle vragen die er thuis gesteld worden -van de slag bij Waterloo tot het cijnskiesrecht via de eerste wereldoorlog en de Spaanse griep- is gigantisch. Frustratie alom bij het schoolwerk dus. Punten interesseren haar hoegenaamd niet want het heeft toch allemaal geen zin. Via de school komt de opmerking dat ze niet laat zien wat ze kan.

Eigenlijk is ze een jonge puppy, vol energie, levenslust en zin om te leren, maar wat op school aangeboden wordt is -spreekwoordelijk- enkel visvoer. Prima voor de grote en de kleine visjes in de klas, maar deze puppy wil véél meer en heeft de hele tijd honger. Natuurlijk kan een puppy niet laten zien wat er allemaal in zit als hij enkel wat visvoer te eten krijgt. Thuis zorgen we dan maar voor zoveel mogelijk "hondenbrokjes", leermomenten en activiteiten die de puppy nodig heeft om zich goed te voelen. De naschoolse agenda staat propvol, elke dag is er wel één activiteit, en nog wil ze een paar andere dingen erbij nemen.

Vaak gaan we zoals Alice in Wonderland "down the rabbithole", en laten we ons in het konijnenhol vallen. Als je je de tekenfilm herinnert, dan weet je misschien nog dat Alice onderweg allerlei voorwerpen tegenkwam tijdens haar val. We eten spaghetti bolognaise en Anna begint over een Franse religieuze cantique van Saint-Jeanne die ze al dagen aan het neuriën is, we praten over de legers van Sainte Jeanne d'Arc, en zij maakt de vergelijking met de legers van Alexander de Grote. De honderdjarige oorlog en de invasie van de Duitsers in 14-18 passeren de revue, net zoals het zingen in kopstem, voor de cantique.

En we hebben de Nederlandstalige papa ook de juiste uitspraak van de "an" klank proberen aan te leren. We hebben het ook nog ergens over Julius Caesar gehad, en over de Romeinse keizers. Op zulke momenten staat haar luikje open, en begint ze meer en meer verbanden te leggen tussen informatie die ze overal tegenkomt.

Anna heeft weinig slaap nodig en in huis zeggen we dagelijks wel honderd keren dat ze het iets rustiger aan moet doen, meer voor onze eigen gemoedsrust en voor het behoud van de parketvloer. Bij het leren merken we op dat ze heel intuïtief tewerk gaat en aan een half voorbeeld genoeg heeft. Vaak leest ze de opdracht ook niet en begint ze er gewoon aan, om dan een paar zinnen later vast te lopen en haar fixed mindset de overhand te laten nemen. Ze leert vlot in een situatie waar ze een duidelijke verbinding voelt met de lesgever, die haar dan helpt om zoveel mogelijk autonoom een vaardigheid te verwerven.

Haar uitzonderlijke begaafdheid is tijdens de coronaweken nog duidelijker geworden, toen ik als moeder aan de slag moest om een lesprogramma op te stellen voor haar. Frans doen we als moedertaal op het niveau derde leerjaar, maar ik heb ook gemerkt dat ik haar echt geen herhalingsblaadjes tweede leerjaar meer moet geven voor taal of wiskunde, want dat is allemaal veel te gemakkelijk. De inhoud van het derde leerjaar sluit veel beter aan bij haar niveau van naaste ontwikkeling, en dan nog wil ze voor bepaalde dingen veel verder gaan, zoals bij breuken. Want hoe kan je die optellen of aftrekken? Of vermenigvuldigen? De bundels WO voor het tweede en derde leerjaar zijn bedroevend kinderlijk en sluiten totaal niet aan bij haar interessesferen. Ik begrijp nu ten volle hoe mager al het visvoer eigenlijk is, en hoezeer ze al die tijd al op haar honger zit.

Charlotte, 5 jaar

Wij, mijn man en ik, merkten al vroeg op dat Charlotte intelligent was en hyperprikkelbaar.

In haar eerste levensmaanden ging onze aandacht vooral uit naar haar hyperprikkelbaarheid. Ze reageerde enorm op prikkels/ stimuli uit de omgeving. Waar andere moeders met hun slapende baby in een kinderwagen konden rondwandelen, zagen wij bij onze 1 maand oude baby haar handjes steeds naar boven klauwen. Pas toen zij vanaf 6 maanden in de buggy mocht, werd zij rustig. Zij wilde de wereld zien. Zo ook in de auto. In de maxi-cosi was het altijd huilen tot ze dan eindelijk in een autostoeltje rechtop mocht zitten en we (eindelijk) een rustige auto-rit hadden.

Voordat ze 1 jaar was hadden we al opgemerkt dat ze de wereld anders bekeek dan andere kindjes. Op het peuterspeelpunt pakte ze speelgoed in haar handjes en draaide dit om en om. Het werd bestudeerd. Als we boekjes voorlazen was haar concentratieboog enorm; ze slorpte duidelijk alle info in haar op. Ze wilde eerder dan haar leeftijdsgenootjes samen spelen. Maar daar schrokken andere kindjes van. En daar schrok Charlotte dan weer van. Toen Charlotte begon te praten, ging dat snel. Ze dacht zo snel dat haar woorden haar gedachtegang niet konden bijbenen, waardoor ze vreselijk snel ging praten. Haar gedachten waren altijd al enkele zinnen verderop. Iemand heeft ooit tegen mij gezegd dat ik in 1000 woorden denk maar dit is zeker toepasbaar op Charlotte. We zijn naar een logopediste gegaan die Charlotte hielp op jonge leeftijd om haar woorden duidelijk uit te spreken en haar tempo soms wat omlaag te brengen zodat anderen nog konden blijven volgen. Dit had als resultaat dat Charlotte beter verstaanbaar werd en dat nam bij Charlotte veel frustratie weg. Daarnaast genoot ze enorm van deze sessies omdat onze logopediste haar hoogbegaafdheid had herkend en, nog belangrijker, erkend en zich ook niet inhield bij het gebruik van moeilijke termen. Integendeel zelfs.

Toen Charlotte naar de kleuterklas ging in België heb ik haar iets later laten starten dan met 2,5 jaar. Om ons heen waren mensen ongerust of ze dan niet achter zou lopen bij de andere kindjes maar Charlotte kende op dat moment alle kleuren al, samen met licht en donkere nuances, en wist haar vormen/ figuren perfect te benoemen. Ook herkende zij haar naam al op schrift. Als ik een gedicht van een A4 pagina lang had voorgelezen dan kende zij dit nagenoeg na 2 keer voorlezen uit haar hoofd. Ze kon zich voor haar leeftijd bijzonder lang concentreren op iets. Als ze werkte in een schriftje (iets wat ze toen al graag deed) kon ze dit uren volhouden. Ook puzzels werden met groot gemak gemaakt. Tellen ging haar heel goed af maar ook terug tellen naar 0 was geen enkel probleem voor haar. Net zoals het alfabet. Ik maakte me om haar intelligentie dus niet druk. Maar wel om haar "overgevoeligheid" (en ook wisten wij dat Charlotte haar fysieke gezondheid niet geheel voorspoedig verliep).

Daarom zijn wij zelfs gestart met halve voormiddagen. (Dus niet halve dagen maar echt halve voormiddagen). Omdat ik wist dat er heel veel stimuli op haar af zouden komen. Dit bleek een terechte keuze te zijn, want Charlotte had heel wat overprikkelend gedrag op school.

Doordat haar toenmalige school schrok van haar overgevoeligheid besloot ik haar te beschermen en een "dossier" aan te leggen. Ik was er van overtuigd dat mijn dochter erg hooggevoelig was en inmiddels had ik het vermoeden dat zij ook hoogbegaafd was. Ik nam contact op met een psychologe die in beiden gespecialiseerd was en Charlotte werd getest. Zij scoorde heel hoog op hooggevoeligheid en maakte een IQ test waaruit een totale score van 128 bleek.

Wanneer zij thuis kwam uit school had ik een kind dat als een bijna obsessief iemand in werkboekjes ging werken. Ze had dit duidelijk nodig om structuur en rust in haar bolletje te krijgen na een drukke en woelige dag op school.

Zij leek exponentieel te groeien (ze leerde zichzelf o.a. lezen en rekenen en haar verbale woordenschat was en is enorm en doet niet onder voor een volwassene). Omdat het duidelijk was dat haar toenmalige school geen kennis had van hoogbegaafdheid en er een stugge directie aan het roer stond, wilde ik haar een jaar later nogmaals testen. Niet om te "testen om te testen" maar op dat moment hielden wij de mogelijkheid nog open dat zij op deze school zou blijven aangezien ze nogal nood had aan bekende omstandigheden en ze deze kindjes kende en zij haar. Een duidelijk rapport van hoogbegaafdheid zou misschien maken dat school meer wilde open staan voor dit soort kinderen. (In haar IQ test had ze een totaal score van 128 en daarmee zou je net onder de noemer van hoogbegaafdheid liggen.)

Charlotte begon in deze periode ook vaker te zeggen dat ze school saai vond.

Toen zij ongeveer 4,5 jaar was hebben we dus opnieuw een IQ test laten doen bij Charlotte en daar kwam uit dat zij uitzonderlijk hoogbegaafd was: Totaal IQ= 145. Tijdens de test kwam goed naar voren hoe Charlotte haar motivatie schommelde bij de verschillende soorten opdrachten. Hoe makkelijker en "eenvoudiger" hoe minder geneigd ze was haar best te doen. Hoe moeilijker de opdrachten werden hoe sneller haar gedachtegang ging en des te sneller er verbanden werden gelegd. Zij liet goed zien dat zij o.a. een associatieve denker is.

Er werd ons aangeraden om een geschikte school te vinden voor haar.

Wij zijn gaan luisteren bij een school in de buurt die net gestart was. Een methodeschool die ook de klassen zeer klein hield. Dit sprak ons erg aan maar helaas was er veel onrust over het voortbestaan van deze school.

In die zelfde periode hebben we ook contact opgenomen met jou, Els de Wit van Talentvol, omdat ik met eigen ogen wilde zien dat de theorie zich zou bewijzen. Daarmee bedoel ik dat Charlotte onder gelijkgestemden zou komen en zij meer vertrouwen zou krijgen in haar zelf en mogelijk ook meer rust zou ervaren en daardoor zou opleven.

Het feit dat we van de externe hulpverlening (logopediste, ergotherapeute en psychologe) al steun kregen en zij allen, afzonderlijk van elkaar, de hoogbegaafdheid van Charlotte hadden herkend en erkend, was erg belangrijk voor ons en steunde ons om verdere stappen te ondernemen.

Toen Charlotte bij jou begon, merkte we dat zij verder opleefde. Dat ze mocht laten zien wie zij was, was erg belangrijk. Voor ons was het ook fijn. Er werd met begrip naar ons kind gekeken en dat gaf rust.

Door de initiatie van het volgen van deze plusklasjes merkten we dat Charlotte met steeds meer tegenzin naar haar toenmalige school ging. Uiteindelijk hebben wij de beslissing genomen om Charlotte tijdens haar derde kleuterklas-jaar nog te laten switchen naar een school voor meerbegaafd en hoogbegaafd onderwijs. Zo heeft ze nog de mogelijkheid te wennen aan deze nieuwe school voordat dadelijk het eerste leerjaar van start zal gaan.

Hadden wij eerder deze keuze moeten maken? Ik denk dat we het niet anders hadden gedaan. We zaten/ zitten met een enorm hooggevoelig kind dat extremer reageerde dan het gemiddelde gewone hooggevoelige kind en ook het gemiddelde hoogbegaafde en uitzonderlijk hoogbegaafde kind. Ook zaten we met een fysieke gezondheid waar nog steeds veel vraagtekens rondom zijn en waardoor zij nauwlettend in de gaten wordt gehouden door een universitair ziekenhuis in België.

Uiteindelijk hebben wij altijd haar gezondheid en haar welzijn hoog in het vaandel gehouden en daarvoor gestreden (zo heeft het wel gevoeld).

De maatregelen die wij hebben genomen, om alles voor Charlotte zo goed mogelijk te regelen, zijn:

* het inschakelen van een psychologe voor het testen van onze dochter te samen met een IQ test.

* Externe begeleiding dmv een plusklas voor uitzonderlijke hoogbegaafde kindjes.

* Maar ook zijn we naar een psychiater gegaan en hebben we een medisch attest geregeld zodat Charlotte rustig zou kunnen wennen op haar nieuwe school door halve dagen te mogen gaan.

* En natuurlijk de overstap naar een school voor het meerbegaafde en hoogbegaafde kind.

Of al deze maatregelen voldoende gaan zijn? Wij gaan er van uit van niet. Wij merken bij alles op dat Charlotte zeer matuur is voor haar leeftijd en daardoor ook moeilijker aansluiting vindt bij haar (uitzonderlijk)hoogbegaafde leeftijdsgenootjes. Ze denkt meer als een volwassene en gedraagt zich altijd met veel verantwoordelijkheidszin. Dat maakt het moeilijk om zich aan te sluiten en zich geheel goed te voelen bij haar leeftijdsgenoten. Op dit moment merken wij op dat Charlotte zich het beste voelt bij kinderen die ouder zijn dan zij, bijvoorbeeld in de leeftijd van 12/13 jaar of bij volwassenen. Toen wij een daguitstap maakte met een hoogbegaafde jongen van 13 jaar hadden zij samen diepgaande gesprekken over onderwerpen zoals het heelal en het mesozoïcum-tijdperk.

Maar al deze maatregelen leiden wel tot een betere toekomst voor Charlotte en we zullen er zeker meer moeten nemen in de toekomst om haar welzijn te garanderen.

Ups en downs hebben we natuurlijk gehad. Ook al is Charlotte nog maar 5 jaar oud.

De ups zijn haar intense manier van naar het leven kijken en hoe ze enorm kan genieten van kleine dingen. Maar ook zijn ups om haar persoonlijke groei te mogen aanschouwen en haar enorme ontwikkelingspotentieel. De downs zijn absoluut de overprikkelingen geweest toen ze net naar school ging. Of als ze heel perfectionistisch is en niet tevreden kan zijn over het door haar behaalde resultaat.

De frustraties over de onnadenkendheid van andere kinderen maar ook dat niemand haar enorme prachtige sterke verbeelding begrijpt (behalve wij). Maar ook zijn de downs geweest je kind te moeten verdedigen tov leerkrachten omdat er geen kennis bestaat van hoogbegaafdheid.

We zullen altijd proberen alles voor haar te kaderen; situaties maar ook leermomenten. Zodat ze niet alles op haar persoontje betrekt.

Er bestaan nog zoveel misvattingen omtrent dit onderwerp en hier is eigenlijk al zoveel over geschreven, maar toch wil ik het nogmaals aankaarten:

Wij (en dan spreek ik denk ik namens vele ouders van hoogbegaafde kinderen) zijn geen ouders die aan "elleboogwerk" doen. Wij kloppen niet op onze borst van kijk eens hoe slim mijn kind is. Laten we heel eerlijk zijn; het was namelijk gemakkelijker geweest als ze "gemiddeld" waren en dus mee konden met de rest. Maar wij zijn wél ouders die het beste voor onze kinderen willen. Dat onze kinderen ook gelukkig zijn. Zij beschikken over een enorm ontwikkelingspotentieel dat echter alleen tot uiting kan komen onder de juiste omstandigheden. Het is namelijk bewezen dat deze kinderen over het algemeen verzuipen in het gewone reguliere onderwijs. Ze vervelen zich, want ze hebben aan 1-2 keer herhaling echt wel genoeg. Zij gaan onderpresteren en vergeten hoe ze moeten leren waardoor velen hun scholen niet afmaken. Zij hebben baat bij top-down leren.

Hoogbegaafde kinderen lopen vaak al tegen problemen aan in het reguliere onderwijs maar dit geldt nog meer voor uitzonderlijke hoogbegaafde kinderen.

Ik denk echt dat er nood is aan scholen voor uitzonderlijke hoogbegaafden. Dat de overheid zich gaat inzetten voor deze groep die veelal niet gezien wordt. Want het is echt achterhaald dat deze kinderen het wel redden omdat ze intelligent zijn.

Ik denk dat leerkrachten al tijdens hun opleiding hierover lesstof moeten krijgen en veel meer nascholingscursussen. Dat reguliere scholen veel meer plusklassen moeten gaan krijgen. Die tendens zien we veel meer in Nederland maar nog niet veel in België. En dat er binnenin een school altijd 1 of 2 leerkrachten rondlopen met kennis van en over (uitzonderlijke) hoogbegaafdheid om deze kinderen te kunnen begeleiden.

Dat ook instanties, zoals het CLB, veel meer opleiding hierover krijgen. Met als doel dat er een betere begeleiding komt van deze kinderen maar ook naar de scholen toe. Maar ook zeker zo belangrijk dat misdiagnoses niet meer snel gemaakt worden.

Door de hyperprikkelbaarheden van deze zeer begaafde kinderen worden ze vaak niet als "normaal" gezien en in een hokje geplaatst (autisme, ADHD, syndroom van Asperger etc). Maar wat is normaal? Misschien moeten we af van deze gedachte. Ik zou als onderwijsmateriaal voor deskundigen, opleidingen etc absoluut de theorie van Dabrowski aanbevelen zodat er meer kennis en begrip komt voor de grotere gevoeligheid voor stimuli en en dat dit in een heel ander context kan worden bekeken en geplaatst zal worden.

Besluit

In dit hoofdstuk werd het socio-emotionele aspect van uitzonderlijk hoogbegaafden gedetailleerder bekeken. Ouders gaven je de kans om even achter hun huiselijke muren te kijken en te ontdekken welke fasen zij hebben doorgemaakt met hun kind. De diversiteit van ontwikkeling, begeleiding - of gebrek daaraan -, en noden komen er duidelijk naar voren. De wens van onze jongeren om gehoord te worden, klinkt ook zeer duidelijk in hun bericht naar ons.

De impact van te leven in een wereld die zeer anders denkt, is groot. Het belang van een omgeving te scheppen die hun ontwikkelingstempo en denkpatronen volgt en kadert, mag dus niet onderschat worden.

HOOFDSTUK 3 - Te jong voor alles

Inleiding

In het eerste hoofdstuk heb je kunnen kennismaken met het theoretische minimum van Talentvol. In dit hoofdstuk stel ik de overige, gangbare theorieën voor over uitzonderlijke hoogbegaafdheid en indelingen die ver genoeg reiken om ook rekening te kunnen houden met uitzonderlijke hoogbegaafdheid.

Deborah Ruf stelt ons de levels of giftedness voor. Haar indeling - gaande van level 1 tot en met level 5 - start bij een IQ van ongeveer 120. Vanaf level 4 zien we de uitzonderlijk hoogbegaafde kinderen in haar indeling en we starten onze uitleg dan ook pas vanaf daar.

Verder zien we ook Dabrowski, een theorie die hoogbegaafdheid uitlegt zonder het bij naam te noemen en ook een verklaring geeft voor bepaalde fenomenen die we zien terugkomen bij onze kinderen.

Ook kijken we naar wat de studies ons te vertellen hebben over andere belangrijke aspecten van hoogbegaafdheid, het familieleven en vriendschappen van uitzonderlijk hoogbegaafde kinderen.

Intro - Als een peuter in een pretpark: te jong voor alles

Het thema lag al lang op stapel. Te wachten. Op nu, denk ik. "Bijzonder: Marie is net 14 en heeft haar diploma middelbaar al op zak" titelt de kop. Het artikel staat onder de rubriek "Opmerkelijk". Dat vind ik opmerkelijk, dat wij dat opmerkelijk vinden.

De paardenmolen

R. vraagt aan de dame van de speelgoedwinkel hoeveel stukjes er juist in het bouwpakket zitten. De dame antwoordt dat hij eigenlijk daar nog veel te jong voor is. Het speelgoed in rij 3, dàt is meer voor zijn leeftijd.

Het reuzenrad

Je kind komt in een winkel en stelt onnoemelijk veel vragen aan jou. Vragen die niet bij zijn afmeting passen. De kassierster lacht eens, de meneer links van jou kijkt eens wanneer je hem een genuanceerd antwoord geeft. Je geeft je kind liever ineens de volle lading, om jezelf twintig vragen extra te besparen.

Het spiegelpaleis

Tijdens de opendeurdag van de lokale hobbyclub zie je L. openbloeien, "echt iets voor haar" denk je. "Pas over twee jaar" hoor je bij de inschrijving.

De looping

Ook in de academische carrière lopen veel ouders tegen de meetlat.

- Daar ben jij nog veel te jong voor.

- Dat moeten ze nog niet kunnen.

- Dat is pas voor binnen 3 jaar.

- Het is het beste dat je haar nog niet leert lezen, dan stoten ze later op een nieuw probleem.

- Probeer wel uit het curriculum te blijven, anders kunnen we hen niks meer in school aanbieden.

Als ouder moet je je vaak in bochten wringen om je kind toch maar iets te kunnen blijven aanbieden dat ze én graag doen, én op niveau is, én niet botst met wat ze in school later te zien krijgen.

Ik zie dagelijks kinderen die eigenlijk rijp zijn voor de rollercoaster van Marie. Een razendsnel tempo - als we deze kinderen ook eens de kans geven een ritje te maken. En wie weet... kunnen ze het.[1]

---

[1] Het VRT-artikel waarnaar wordt gerefereerd: <u>Bijzonder: Marie is net 14 en heeft haar diploma middelbaar al op zak</u>

Gangbare theorieën

1. Onderverdeling binnen uitzonderlijke hoogbegaafdheid

Get the good meter

Heb je de reeks over Tsjernobyl gezien? Hoewel ze zo energiek als een kernreactor kunnen zijn, is het niet de vergelijking die ik hier wil maken. Toen de reactor ontplofte, konden de aanwezige werknemers maar tot 3,6 meten.

Baas: 3,6? Dat is niet zo erg

Werknemer: Maar baas, dit is niet de goeie meter, deze gaat maar tot …

Baas: 3,6 is geen probleem!

Ondertussen weten we wel beter. Maar op een gelijkaardige manier meten we dus ook onze uitzonderlijk hoogbegaafde kinderen. In België gaan IQ-tests tot 145. Alles daarboven is in onze regio's - net zoals in de kernreactoren in het voorbeeld - tot nog toe niet meetbaar. Dat voelt alsof je met een thermometer tot 20°C naar de Sahara gaat en denkt: Och, eigenlijk is het hier precies nog best frisjes.

Als je elke dag met deze kinderen werkt, besef je pas hoe eng deze visie van 145+ is en hoe ontoereikend het meetsysteem. Ook binnen het 145+ gamma zit nog een gigantisch verschil. Engelstalige literatuur kent wel een onderverdeling, gezien hun IQ-testen ook verder reiken.

Hoe verder we van de standaarddeviatie afwijken (hier IQ 100), hoe minder betrouwbaar het cijfer. Niet dat je kind eigenlijk slechts 110 heeft waar er 160 gescoord is. Dit dus even buiten beschouwing gelaten, wil ik je deze onderverdeling meegeven:

highly gifted (HG, 145-159 IQ)

exceptionally gifted (EG, 160-174 IQ)

profoundly gifted (PG, 175+ IQ)

(gifteddevelopment.com)

2. Geen getallen, wel niveaus

In "5 levels of gifted" beschrijft Deborah Ruf de mijlpalen in de ontwikkeling van 78 hoogbegaafde kinderen. Deze kinderen deelde ze op in 5 groepen, of levels, weg van hun IQ-scores maar op basis van wat ze wanneer konden.

Level 4

- Of Exceptionally gifted

- 99e percentiel

- Spreken eerste woorden tussen 5,5-9 maanden

- Spreken in complexe zinnen (meer dan vier woorden) op ongeveer 1,5 jaar

- Taalhumor rond 2,5 jaar

- Lezen vaak rond de leeftijd van 5 jaar

- Kunnen versneld door het lager onderwijs (meer dan 2 versnellingen) indien je hun tempo volgt

Level 5

- Of profoundly gifted

- 99e percentiel

- Schatting van 1:250 000, vermoedelijk meer

- Zijn ver gevorderd in élk intellectueel domein

- Kennen nummers, letters, kleuren en vormen voor ze kunnen praten. Kunnen deze

dan ook meteen benoemen van zodra ze starten met praten

- Spreken meteen heel vlot (in zinnen)

- Zijn in staat om voor hun 12 jaar de middelbare school af te ronden

---

- Lesgedeelte valt vaak (gedeeltelijk) op de schouders van de ouders

---

Ruf schat dat er meer kinderen level 4 of 5 zijn dan dat algemeen aangenomen wordt, omdat velen naar huisonderwijs overstappen en/of dat deze kinderen een vorm van intelligentie hebben die niet via toetsen of op enige andere schoolse wijze te meten is. Hun interesse en capaciteiten gaan eindeloos veel verder dan de schoolse vakken.

3. Andere kenmerken van UHB

Een niet-exhaustieve lijst

Autodidactisch vermogen

Deze kinderen zijn van nature autodidact (VanTassel-Baska, 2004). Hun zintuigen staan van nature zeer scherp ingesteld. Ze leren zichzelf op jonge leeftijd lezen, rekenen, de maaltafels, met de computer werken, … Voor hen is dat vanzelfsprekend en het gebeurt ook heel vaak intuïtief (Vaivre-Douret, 2011).

Ze pikken links en rechts iets op, luisteren iemand af, horen iets op televisie of uit een verhaaltje voor het slapengaan. Ze zoeken uit zichzelf strategieën om de wereld rondom hen te begrijpen. Deze vroeg aangeleerde strategieën zorgen ervoor dat alles in hogere versnelling vooruitgaat, zonder dat anderen rondom hen het doorhebben. De puzzelstukken vallen dan als 'vanzelf' in elkaar.

Zo leren ze al op jonge leeftijd zitten, staan, lopen, kleuren, lezen, rekenen, … Ze steigeren van onderbrekingen en aangeboden hulp (Grobman, 2006). Het moet een van de populairste zinnen in mijn praktijk zijn: "jaja Els, 't is goed ik weet het al." Gevolgd door de obligatoire elleboogstoot/handjewuif/ … Het is pas wanneer ze zich aftoetsen aan de omgeving dat ze merken dat dit niet 'de gang van zaken' is.

Autodidactisch vermogen heeft niets te maken met executieve functies. Autodidact zijn houdt in: synthetisch denken (o.a. in denksprongen), je gemotiveerd laten onderdompelen en absorberen in het werkgeheugen. Bij UHB kinderen sijpelt alles ook snel door naar het langetermijngeheugen. Autodidact zijn staat los van je vermogen tot plannen, leervaardigheden, filteren (dat is er niet), je impulsen onder controle te houden, ... Het autodidactisch vermogen moet dan ook compleet los gezien worden van onze perceptie van leren: lineair, gestructureerd, ordelijk. Dat is het niét. Het autodidactisch vermogen is deel van de immersie: je volgt je brein.

Deze autodidactische aanpak is echter iets wat ze gaandeweg ook kwijtraken of afleren. Ze leren dat de manier waarop zij het hebben aangepakt (leestechniek, rekentechniek, …) niet de juiste manier is. Dit kàn uiteraard zo zijn. Hun rekentechniek is bijvoorbeeld niet de meest efficiënte, hun technisch lezen verloopt niet vlot, ze schrijven op een andere manier, ... Hierdoor leren ze dat 'het zelf doen' niet altijd loont en dat ze het 'fout' doen. Afwachten tot meester of juf het uitlegt dan maar.

In het eerste leerjaar - Sophie was 4 - zei de zorgjuf dat ze volgend jaar tafels ging leren delen. Thuis vroeg ze: "Mama, als dit maal is, hoe moet je dan delen?" Ik gaf 1 voorbeeld. "Oké", zei ze. Meer had ze niet nodig.

In de loop van het eerste leerjaar kreeg ze een LVS-toets over de tafels. Ze had de vragen over de maaltafels overgeslagen omdat je dit pas in het tweede leerjaar ziet. "Als ik dit kan, gaan ze het raar vinden", zei ze.

One project was to develop a catalogue of musical notes according to their temperatures and colors. He had no interest in learning the standard rules of harmony and composition. (Grobman, 2006)

Toch is dit een krachtige manier om kennis te verwerven voor kinderen die graag willen weten. Het is een eigenschap welke ik ouders adviseer deze te koesteren en in leven te houden. Het tempo van de omgeving zal altijd te traag zijn voor hen. In staat zijn om zelf kennis te verwerven, weten waar die te vinden en hoe dat aan te pakken, is een zeer waardevolle eigenschap die veel differentiatievraagstukken kan helpen ondersteunen.

Metacognitie

Al op heel jonge leeftijd zijn deze kinderen in staat om over hun eigen denken te reflecteren, lang nog voor ze in staat zijn om hier emotioneel of cognitief mee om te gaan (Webb, 2016). Indien goed gestuurd, zorgt dit voor een groot zelfinzicht.

Het zorgt er ook voor dat ze in staat zijn om oplossingsmethodieken, aangeleerd in een bepaald domein, ook snel toe te passen in andere domeinen. Hierdoor zijn ze sneller weg met nieuwe leerstof en kunnen ze verbanden leggen tussen verschillende vakdomeinen. Verbanden die andere mensen in eerste instantie niet zouden leggen, als ze het überhaupt al doen.

Talent is als een scherpschutter die een doel raakt dat voor anderen onbereikbaar is. Genialiteit is als een scherpschutter die een doel raakt dat anderen niet kunnen waarnemen. - Schopenhauer

Fysieke kenmerken

Gross omschreef dat uitzonderlijk hoogbegaafde kinderen over het algemeen sneller atopie ontwikkelen (allergieën, astma, eczeem), maar ook sneller leren zitten, kruipen, wandelen, en sneller leren praten. Sommige spraken met 3- of 4-woordzinnen nog voor hun eerste verjaardag. Ook gaven ze blijk van een uitstekend taalgeheugen en vergevorderde woordenschat (Gross, 2004).

Link emotie-cognitie

Emoties en tot leren komen zijn onlosmakelijk met elkaar verbonden bij uitzonderlijk hoogbegaafde kinderen. Emotionele energie drijft hun interesses, hun passies (Jackson et al., 2009). Interesse kan je bij hen gerust een basisemotie noemen. Is de interesse weg, dan zie je ook het kind verdwijnen.

Een band met een leerkracht kan het schooljaar maken of kraken. Het kan ervoor zorgen dat een kind toch moeite doet voor leerstof die hem niet ligt, of dat hij net zijn ellebogen uitzet en weigert om nog iets te doen voor de rest van het jaar, met nota's en slechte resultaten tot gevolg.

Soms is het overduidelijk waarom, soms heb je er het raden naar waar het probleem precies ligt. Een korte 'neen' op een vraag van 3 weken geleden omdat de leerkracht net druk bezig was een ruzie tussen twee klasgenoten op te lossen, kan soms al genoeg zijn om het onrechtvaardigheidsgevoel te triggeren.

Niet snappen waarom ze iets moeten kunnen, leerstof waarbij ze het grotere geheel niet zien (bv. enkel het onderwerp bespreken, maar lijdend voorwerp is voor volgend jaar), … zijn al redenen genoeg om een kortsluiting in hun hoofd te geven. Het houdt geen steek, het frustreert hen en maakt hen angstig. Een 'ja maar, en dàt dan?' waar ze niet voorbij geraken.

Moeite met schoolse vraagstelling

Deze past onder de noemer "het simpele is complex". Een zeer eenvoudige vraag kan voor hen bijzonder moeilijk zijn om op te lossen:

-Wat doet een dokter?
- Welke dokter bedoel je?

-Waarvoor dient een pyramide?
- Om iemand in te begraven, werd gebouwd op basis van de sterren, om toeristen te lokken, …

Deze vragen gaan ervan uit dat kinderen geen voorkennis hebben opgedaan buiten het klaslokaal. Bij uitzonderlijk hoogbegaafde kinderen is dit uiteraard niet het geval. Zij komen met een reiskoffer vol kennis naar school, enkel om deze bevestigd, ontkend of net verengd te zien. Dit is zeer verwarrend voor een kind, want zij hebben toch ook gezien/gehoord/gelezen dat … is dat dan fout?

Wanneer een kind in mijn praktijk een rekentechniek niet begrijpt met de getallen in zijn boek, ben ik snel geneigd om het te proberen met veel moeilijkere getallen.

Hoe bereken je 22:4? Ik hoorde de gekste berekeningen. Het punt was, hij had dit al gedaan, en het ging. Nu begreep hij de uitleg niet meer.

Oké, hoe bereken je 274:4? Ik begon mijn uitleg opnieuw, om halverwege elleboogstotend de mond gesnoerd te worden. "Ik snap het al, ik snap het al!"

Ook bij simpele vragen werkt hun brein op hoger analytisch niveau en op divergente manier (op een creatieve manier denken waardoor je meerdere mogelijke oplossingen zien), waardoor ze meer precisie nodig hebben. "Dat hangt ervan af", "niet echt", "bij wijze van spreken", "in zekere zin", zijn enkele uitspraken die je dan ook vaak hoort bij hen.

Sommigen zijn bezig met een zéér gedetailleerde beschrijving van alles wat ervoor, erna, errond gebeurde, wat hij dacht, voelde, aanhad, om enkel te vertellen dat zijn knuffel die hij al vijf minuten aan het zoeken was (van 18u02 tot 18u07) in de hoek lag waar hij eigenlijk eerst had gezocht maar blijkbaar had overgekeken omdat …

4.   UHB bekeken vanuit Dabrowski

Dabrowski was een Pools psycholoog en psychiater. Hij ontwierp de theorie van positieve desintegratie, die tegenwoordig vooral bekend is bij hoogbegaafdheidsspecialisten.

Dabrowski ontwikkelde een algemene theorie van persoonlijke ontwikkeling, weg van kenmerkenlijsten en ontwikkelingsdoelen gebaseerd op leeftijd. Wat drijft een mens om goede of slechte zaken te doen?

Volgens Dabrowski is een mens continu in beweging. Die beweging is te merken door stress, frustratie, uitputting, depressie. Zonder deze beweging heb je geen persoonsontwikkeling. Het gaat volgens hem over een ontwikkeling die tot stand komt door het afbreken van lagere psychologische structuren, waardoor juist nieuwe en hogere psychologische structuren kunnen ontstaan. Dabrowski noemde dit de positieve desintegratie.

De negatieve emoties die je ervaart wanneer je in ontwikkeling bent, hoeven dus niet 'opgelost' of 'weggenomen' te worden, maar zijn gewoon deel van je ontwikkeling.

Stel je voor, je ligt in een ijskoude kamer, helemaal onder de dekens, behalve je been. Wacht tot dat been helemaal verkleumd is en trek het dan weer onder de lakens. Wat je dàn voelt is geluk. - Schopenhauer

Omdat Dabrowski nogal graag ingewikkelde woorden gebruikt, vertaal ik het voor onze jongeren eenvoudigweg naar "zonder leed geen leut". Je hebt het 'leed' nodig om met jezelf in conflict te kunnen gaan, jezelf in vraag te stellen, tot verandering te kunnen komen en als een beter/sterker individu hierdoor te geraken.

Net door je te informeren over hoe je als persoon in elkaar zit, ben je op den duur in staat om je eigen ontwikkeling te begeleiden. Dit is een proces waar ik tijdens sessies hard op inzet, en de reden waarom ik er hard voor pleit om meer mét deze kinderen over uitzonderlijke hoogbegaafdheid te praten, in plaats van enkel over hen.

De meerderheid van mijn tieners komt uitgeblust bij mij toe. Onderstaand citaat toont het traject dat zij één voor één bij mij doormaken en wat we willen teweeg brengen, met vallen en opstaan:

Iemand die spontane meerlagige desintegratie doormaakt, doorleeft intense morele conflicten, maar beseft zich door reflectie en zelfevaluatie ook, dat deze waardevolle levenslessen & - inzichten zijn. Er is een beginnend gevoel van hogere (meer eigen) en lagere (meer externe) morele waarden. Er is een kritisch bewustzijn wat betreft zichzelf en de mensen in de omgeving.
(positievedesintegratie.nl)

Niet iedereen geraakt uiteindelijk tot deze hogere psychologische structuren. Enkele factoren zijn ontegensprekelijk noodzakelijk: genetisch bepaalde factoren zoals de overexcitabilities (zie verder), talent, omgevingsinvloeden en socialisatie, maar ook de wil tot autonomie.

Elke ouder van een hoogbegaafd kind zal dat laatste waarschijnlijk wel herkennen. Autonomie is een van de kenmerken van hoogbegaafdheid, en terugdenkend aan het autodidactische gegeven van uitzonderlijk hoogbegaafdheid, is dit zeker van toepassing:

'Overexcitabilities' hebben te maken met de manier waarop je met prikkels omgaat: je hebt een hogere gevoeligheid voor prikkels en verwerkt deze ook intenser. Wanneer intelligentie om het vermogen om problemen op te lossen gaat, dan zijn de overexcitabilities de passie om deze problemen op te lossen (Jackson et al, 2009). Het verklaart dan ook waarom veel uitzonderlijk hoogbegaafden zo intens, gepassioneerd, soms zelfs obsessief met een vraagstuk in hun leven kunnen bezig zijn.

Veel ouders en kinderen noemen het een hindernis in hun leven. Grobman (2006) noemt het de bouwblokken van uitzonderlijk hoogbegaafde ontwikkeling. De vijf overexcitabilities zijn:

Intellectueel: De eeuwige nood aan intellectuele uitdaging, de rupsjes nooit-genoeg, de innerlijke drive van 'meer, meer, meer'. Daaraan herkennen we (uitzonderlijk) hoogbegaafden vaak het eerste. Intellectueel kunnen we stap-voor-stap een probleem oplossen, of visueel-spatieel. Uitzonderlijk hoogbegaafden hebben de gave om problemen te visualiseren, in zijn geheel.

De eerste sessies met mijn tieners zagen er nog heel anders uit. Ik had thema's voorbereid waarbinnen zij zich verder konden verdiepen in een subthema. Een van die eerste thema's was, naar ik me herinner, de Tweede Wereldoorlog: je kon een persoon, technieken, een land, wapens, filosofie die daaruit voortvloeide… uitspitten.

Al zeer snel liet ik dit principe los: "Els, stop eens met ons altijd zoveel aan te reiken, ik weet wat ik wil doen."

Sommigen gaan dan weer de uitdaging met zichzelf aan om alles in vraag te stellen wat de maatschappij als vanzelfsprekend ziet. Ook de gemaakte analyse hoort dan natuurlijk opnieuw in vraag gesteld te worden… Kinderen die niet genoeg intellectuele uitdaging krijgen, gaan beginnen dagdromen: "wat als …"-vragen spelen zich dan volop af in hun hoofd. Hun talent om te multitasken zorgt er dan voor dat ze eigenlijk nog best in staat zijn om zich bewust te zijn van de les die ondertussen gegeven wordt (Daniels et al, 2008).

Psychomotorisch: Deze overprikkeling merk je aan het nooit kunnen stilzitten, veel fysieke energie. Emotionele spanning wordt op deze manier geuit. Het zijn ook de tics, het nerveus en compulsief praten, de bibberende benen tijdens groepsgesprekken. Op een positieve manier kan het de drijfveer zijn om zich op sporten te storten en zaken in beweging te krijgen.

Imaginair: Deze mensen hebben een grote creativiteit en genieten van kunstvormen, beeldspraak, fantasie. Wanneer overprikkeld, trekken ze zich makkelijk terug in hun eigen leefwereldje. Soms lijken deze kinderen moeite te hebben met het onderscheid tussen werkelijkheid en fantasie. Dit komt omdat ze zo opgaan in een situatie en deze zoveel betekenis voor hen krijgt, dat ze voornamelijk ook zaken die 'hadden kunnen gebeuren' mee vermelden (Kline & Meckstroth, 1985).

Emotioneel: Een veelzijdigheid aan diepgaande emoties. Deze kinderen hebben bijvoorbeeld verdriet omdat ze boos zijn maar worden vervolgens bang of voelen zich net schuldig door hun eigen overvloed aan emoties. Anderen trekken zich terug in hun eigen gedachtegang wanneer het hen te veel wordt. Ze zijn ook in staat gevoelens van anderen aan te voelen en beschikken over een sterk rechtvaardigheidsgevoel. Hun empathie is een aanvoelen, de sfeer die ergens hangt en die ze haarfijn aanvoelen (Jackson et al, 2009).

Wanneer ze overprikkeld zijn, kan je nerveus gedrag zien als tics, bijten, sabbelen, knabbelen, … en bij ouderen werkverslaving.

Zintuiglijk: Dit heeft betrekking op alle zintuigen. Ze merken zaken op die een ander niet merkt. Bepaalde aanrakingen kunnen ze als rustgevend of net stresserend ervaren. In onze trajecten merken we dit vaak op aan kinderen die bij uitleg dicht tegen jou komen leunen om je te kunnen voelen. Ze zijn ook zeer gevoelig voor geluid, geuren of de omgeving an sich. Ze kunnen dan hoofdpijn krijgen of snel geïrriteerd zijn.

Anna (6j.) Eigenlijk is het een jonge puppy, vol energie, levenslust en zin om te leren, maar wat op school aangeboden wordt is -spreekwoordelijk- enkel visvoer. De naschoolse agenda staat propvol, elke dag is er wel één activiteit, en nog wilt ze een paar andere dingen erbij nemen.

Anna heeft weinig slaap nodig en in huis zeggen we dagelijks wel honderd keren dat ze het iets rustiger aan moet doen, meer voor onze eigen gemoedsrust en voor het behoud van de parketvloer.

5. Familieleven

Visie

Feldman en Morelock (2003) geven aan dat in gezinnen met uitzonderlijk hoogbegaafde kinderen er minder wordt ingezet op competitie, de familie onderling behulpzamer is en expressiever in die mate dat ze hun gevoelens openlijker uiten. Ook ideeën kunnen openlijk uitgewisseld worden. Er is gemiddeld gezien minder structuur in de familie-activiteiten en huiselijke verantwoordelijkheden.

De kinderen zelf zijn sneller 'doordrongen' van de waarden die de familie heeft, door hun hoger bewustzijn en hogere taalvaardigheid.

Het tweede kind

Studies tonen aan dat er wel degelijk een verschil is tussen het eerste en het tweede kind het gezin. Het eerste kind uit zijn uitzonderlijke hoogbegaafdheid door het denkwerk. Om niet in competitie te gaan met de oudere broer/het onderspit te moeten delven, gaat het tweede kind zijn talenten ergens anders zoeken (Feldman & Morelock, 2003). Het tweede kind gaat dan bijvoorbeeld vaker excelleren op het fysieke gebied.

Verder wordt er opgemerkt dat een significant aantal uitzonderlijk hoogbegaafden eerstgeborenen zijn en uit kleine gezinnen komen (Gross, 2004).

Activiteiten

Volgens Amerikaanse en Australische studies lezen uitzonderlijk hoogbegaafde kinderen meer dan het gemiddelde kind. 14 van de 15 kinderen in de studie van Marica Gross lazen voor hun 5e verjaardag, 10 voor hun 3e, 4 zelfs voor hun 2e verjaardag. De meesten deden dit zonder of met zeer weinig hulp van buitenaf, en de meeste ouders kregen het advies hen niet te leren lezen. Een 'advies' dat ook veel ouders in mijn praktijk aangeven meegekregen te hebben.

Zeer opvallend, en bevestigd in Gross' onderzoek, is de grote interesse in science fiction en fantasy. Dit genre vertegenwoordigt namelijk een groot deel van de morele en filosofische vragen waar hoogbegaafde kinderen dagdagelijks mee te maken hebben. Het zijn geen losse draadjes in de verhalen, maar in deze verhalen - vaak kronieken - zit meestal een heel filosofisch systeem vervat, vol met grote dilemma's waar goed of slecht niet zo eenvoudig aan te duiden is. Het is te begrijpen waarom het kwaad zo aanlokkelijk is, waarom de slechte deze keuzes maakt en de goede kan ook zeer twijfelachtige keuzes maken. Je ziet de personages groeien doorheen de levenskeuzes die ze moeten maken. Het versnelde moreel bewustzijn waar uitzonderlijk hoogbegaafde kinderen mee kampen, zorgt ervoor dat dit genre zo aanlokkelijk is en een antwoord biedt op vragen waar ze vaak geen weg mee weten, op een aantrekkelijke, bevattelijke manier.

Voorbeelden hiervan zijn: Chronicles of Narnia, Game of Thrones, The 100, Star Trek, Star Wars, Lord of the Rings, The Golden Compass, Dune, 2001: a space odyssey, The Hunger Games, 1984, a Wrinkle in Time.

Procentueel gezien is er volgens Gross' onderzoek minder interesse in sport, zowel als deelnemer als toeschouwer. Sporten die wel worden beoefend, zijn voornamelijk sporten die alleen beoefend kunnen worden, waardoor ze minder afhankelijk zijn van de capaciteiten van een ander.

Meerdere studies tonen aan dat er een sterke link is tussen uitzonderlijke hoogbegaafdheid en muziek. Niet noodzakelijk op hoog niveau, genieten ze van het bespelen van muziekinstrumenten en/of zang.

> Gelukkig krijg ik de andere kinderen van 9 en 8 jaar vaak zover dat ze dat met Alexander willen spelen, want zelf hebben we met 4 kinderen niet zoveel tijd daarvoor. Hij speelt regelmatig met de 10-jarige vriendjes van zijn broer, waarbij hij meestal wint. (Bij bv. Stratego)

Verder spelen ze in de lagere school graag bord- of kaartspellen, gaan ze graag in discussies of op museumbezoek, en spelen meisjes minder vaak met poppen (wegens 'niet echt' of 'niet realistisch'). Deze voorkeuren, die ver weg staan van de voornamelijk fysieke spelletjes die kinderen op deze leeftijd graag spelen, kunnen vriendschappen in de weg staan.

Jongens en meisjes

Onderzoek toont aan meisjes hun perceptie van hun hoogbegaafdheid vooral halen uit de mening van betekenisvolle anderen en hoe deze zich ten opzichte van hen gedragen, dat ze minder geloven in hun eigen hoogbegaafdheid en het nog vaak van hen verwacht wordt om zich meisjesachtig te gedragen. Meisjes die goed presteren maar een 'meisjesrichting' kiezen, krijgen te horen dat ze toch beter een wetenschappelijke richting hadden gekozen. Toch wordt er van meisjes minder verwacht op wiskundig vlak, ook al scoren ze beter dan hun broer (Gevaert, 2018).

Jongens worden dan weer minder goed voorbereid om met gevoelens om te gaan, de jongenscode dicteert tot op heden nog steeds dat jongens stoer en sterk moeten zijn (Gevaert, 2018). Jongens in mijn groepen die zich interesseren in de zachtere hobby's, merken wel vaker op dat dit een kant van henzelf is die ze niet makkelijk durven tonen.

6.   Vriendschappen

When gifted children are asked what they most desire, the answer is often 'a friend'. The children's experience of school is completely colored by the presence or absence of relationships with peers. (Silverman, 1993)

Vriendschappen ontstaan op basis van mentale leeftijd, eerder dan op basis van chronologische leeftijd. Hoogbegaafde kinderen zoeken vrienden met wie ze een diepe vertrouwensband kunnen hebben, eerder dan een speelkameraadje. Ze zoeken iemand met dezelfde opvattingen en verwachtingen van vriendschap (Gross, 2002).

Kinderen in het begin van de lagere school hebben een nog zeer egoïstische visie van vriendschappen. Het is pas rond de leeftijd van 9 jaar dat een kind in staat is om buiten zijn eigen behoeftes te kijken en een vriend te aanzien als iemand met eigen behoeftes en waardes (Gross, 2002).

Uitzonderlijk hoogbegaafde kinderen hebben een nog volwassener begrip van vriendschap. Ze zitten gemiddeld 4 tot 5 jaar voor. Dat wil zeggen dat zij al op 6-jarige leeftijd op zoek beginnen gaan naar hun 'rots in de branding': ook al vindt hij niet leuk wat je zegt, hij vindt *jou* nog altijd leuk. Het is een basis van wederzijds vertrouwen en onvoorwaardelijke vriendschap. Je masker mag afvallen en je mag écht jezelf zijn. Jongens die hier snel in ontwikkelen, zullen makkelijker ontgoocheld zijn dan meisjes.

Het is op deze jonge leeftijd - tussen 4 en 9 jaar - dat sociale isolatie het vaakste voorkomt bij uitzonderlijk hoogbegaafde kinderen. In de praktijk merken we op dat pestgedrag op deze leeftijd ook veelvoorkomend is. Uit de groepsgesprekken komt naar voor dat andere interesses en andere vriendschapsverwachtingen aan de basis hiervan liggen.

In gesprekken met kinderen (Gross, 2004) wordt vaak opgemerkt dat ze het als zeer storend ervaren wanneer andere kinderen duwen en trekken, tikkertje wild spelen, vergeten dat iemand zich verstopt heeft, … Veel kinderen lopen dan gewoon wat rond op de speelplaats, lezen een boek, of gaan de leerkracht van wacht wat animeren met mopjes en weetjes.

Alleen al daarom kan je je de vraag stellen waarom meerdere versnellingen nog vaak worden tegengehouden…

Een meer Europese visie op hoogbegaafdheid

7.   UHB-studies zijn voornamelijk Amerikaanse studies

Het merendeel van onderzoeken over uitzonderlijke hoogbegaafdheid zijn van Amerikaanse bodem. Dit heeft gevolgen. Deze onderzoeken nemen onvermijdelijk ook hun culturele achtergrond mee.

Een interessante visie die ik graag met jullie wil delen is die van de Zweedse professor Persson. Hij pleit ervoor om meer onderzoek naar hoogbegaafdheid uit te voeren vanuit biologie, cognitieve vermogens en leerprocessen en de interactie tussen deze drie (Persson, 2018). Persson beweert dat vanuit evolutionair standpunt gezien, hoogbegaafden voornamelijk een 'inconvenience', een ongemak, zijn.

Voor dit hoofdstuk verwijs ik naar de literatuurlijst voor alle gebruikte onderzoeken, alsook naar persoonlijke gesprekken.

Een kind helpen ontwikkelen naar Amerikaanse normen houdt in dat ze aan hun potentieel moeten voldoen (zie ook 'Koorden van de maatschappij), een winnersmentaliteit met een groeimindset moeten hebben, een visie van de 'selfmade' (wo)man.

Het is een cultuur die eigenlijk niet de onze is, maar wel via de studies mee binnensijpelt, en die we zo (on)bewust mee op onze uitzonderlijk hoogbegaafden reflecteren. Een cultuur van voorbereiden, trainen en doen. Het gevaar daarin schuilt dat onze identiteit op basis van het doen wordt opgebouwd.

Maar elke prestatie heeft zijn grenzen, je kan niet blijven beter doen, en het gevaar schuilt dat je je zelfbeeld vasthaakt aan je prestaties en de perceptie van anderen over die prestaties.

Om het een beetje hipper te zeggen: je laat het aantal likes bepalen of je het waard bent op deze planeet rond te lopen.

8.   Sociale aanvaarding

Wil je sociaal aanvaard worden, moet je aan een paar fundamentele principes voldoen (Persson, 2015):

1- De anderen moeten je aanzien zoals of bijna zoals de anderen, eerder dan afwijkend ten opzichte van de anderen van de groep.

2- Het is niet voldoende om getolereerd te worden. Je moet ook aanvaard en erkend worden, vertrouwen en vrijheid krijgen door de meerderheid van de sociale groep.

3- Om aanvaard te worden door die meerderheid, moet jij ook hun standaarden aanvaarden en geduld hebben met hun begripsniveau en capaciteiten.

Een probleem dus voor hoogbegaafden, die niet in dit plaatje passen. Persson ontwikkelde een taxonomie van hoogbegaafd gedrag als sociale functie. Aan hoogbegaafd gedrag wordt volgens hem een sociale functie toegekend. Hij onderscheidde drie functies, het 'label' dat we hen vaak geven en onze reactie als maatschappij hierop.

Sociale functie	Populaire label	Universele sociale reactie
Onderhoud	Nerd	Aanvaarding en bevordering
Entertainment	Held	Aanvaarding en bevordering
Verandering	Martelaar	Weerstand en vervolging

In de onderhoudende functie vind je bijvoorbeeld wetenschappers, ingenieurs, zorgpersoneel, … ze onderhouden de sociale structuren van een maatschappij door uitvindingen, verbeteringen en aanpassingen. Ze zorgen voor een hogere welvaart van een maatschappij.

De entertainende functie zijn de helden van onze maatschappij. Het zijn de al dan niet welwillende rolmodellen met wie we ons graag identificeren. Volgens Persson (2015) behoren ze vaak tot de best betaalde sporters, muzikanten, acteurs, schrijvers, kunstenaars, … in onze moderne maatschappij. Hier worden ze aanvaard omdat ze geen bedreiging of uitdaging voor de groep vormen. Integendeel, ze zorgen net voor de nodige positieve afleiding van dagdagelijkse zorgen.

Hoogbegaafden die verandering teweeg willen brengen staan in schril contrast met de andere sociale functies hier besproken. Door de huidige tekortkomingen en incompetenties bloot te leggen, vormen ze een onmiddellijke bedreiging voor het bestaande maatschappelijke systeem. Hoewel de hoogbegaafde het goede voor ogen heeft, ziet de maatschappij dit anders. Er zijn bepaalde regels die gevolgd moeten worden (zie hiervoor verder het hoofdstuk 'ze zijn niet sociaal') in een maatschappij.

Het zijn voornamelijk diegenen uit de laatste categorie die zich in mijn groepen bevinden, botsen met de maatschappij en zich ook - al dan niet gewild - isoleren van de maatschappij.

9. De 'inconvenient'

Bovendien sijpelt er volgens Persson in veel 'wishful thinking' door. Een daarvan is dat hoogbegaafden, en bij uitstek uitzonderlijk hoogbegaafden de leiders van morgen zijn, in de academische, politieke, economische, … wereld. Dat niet elke hoogbegaafde deze ambitie heeft, wordt om te beginnen gemakkelijk aan voorbij gegaan.

Als ze ons vandaag als kind nog niet aanvaarden, hoe gaan ze ons dan ooit als baas aanvaarden?

De waarheid komt uit een kindermond, die meteen ook een ander pijnpunt aanraakt: vanuit evolutionair standpunt is hoogbegaafdheid - en bij uitbreiding elk extreem kenmerk in een persoon - sociaal disfunctioneel. Een inconvenience, dus.

Het is misschien hard om te slikken, maar veel van onze reacties zijn niet anders dan in de oertijd, zijn niet anders dan vele dieren. Een reactie daarvan is dat we de groep intact willen houden. Wat afwijkt van norm, is een mogelijke bedreiging (zie vorig hoofdstuk 8. Ze zijn niet sociaal). Als de groep jou niet aanvaardt en jij aanvaardt de regels van de groep niet, wordt leiderschap vrijwel onmogelijk. Afwijken van de groepsnorm kan volgens Persson enkel aanvaard worden wanneer dit de groep als geheel vooruit drijft. De nerd en de held, maar dus niet de martelaar.

Besluit

In dit hoofdstuk heb je nu een breder zicht gekregen op welke studies er nog over uitzonderlijke hoogbegaafdheid zijn uitgevoerd. Bijna alle studies met uitzonderlijk hoogbegaafden komen vanuit de Angelsaksische wereld: Amerika, Canada, Engeland.

De Angelsaksische cultuur is niet de onze. Wanneer we willen weten welke impact de omgeving heeft op ons kind (opvoeding, school, familie, vriendschappen) is het dus belangrijk dat we ook in onze regio's studies beginnen uitvoeren, willen we onderbouwde uitspraken kunnen doen.

De praktijkervaring van wat wel en niet werkt is er ondertussen. Hiervoor neem ik je graag mee naar het volgende en meteen laatste hoofdstuk.

HOOFDSTUK 4 - 7 dagen uitzonderlijk hoogbegaafd

Inleiding

In dit hoofdstuk deel ik graag nog enkele laatste ervaringen en adviezen met jou vanuit mijn praktijk waar ik dag in, dag uit met uitzonderlijk hoogbegaafde kinderen en de mensen in hun omgeving samenwerk. Elk UHB kind helpen, betekent maatwerk. Dat maakt het vaak complex, maar tegelijkertijd ook ontzettend boeiend.

We nemen een kijkje naar de thuissituatie en naar de schoolsituatie. Ook neem ik je graag mee naar de ideale leeromgeving. Ik noem dit zeer bewust geen schoolomgeving, omdat UHB kinderen ook moeten leren leven, startende vanuit een omgeving die gespiegeld is op hun 'zijn'.

Intro - 7 dagen uitzonderlijk hoogbegaafd

Maandag

Weer een nieuwe stempel!

Dinsdag

Ben je wel zeker dat die IQ-test klopt?

Woensdag

Dat is wel gemakkelijk zeker, zo een kind dat alles vanzelf kan?

Donderdag

We hebben leuke verrijking (maar is het ook boeiend?)

Vrijdag

Daar is ie nog veel te jong voor (dat is hij voor alles)

Zaterdag

Laat ze nog kind zijn, het gaat allemaal al snel genoeg (mijn kind toont de weg, ik probeer gewoon zeer hard om te kunnen volgen)

Zondag

Misschien moet je het hem niet meer aanbieden (Wat moet ik dan doen? Boekverbranding, slot op gsm, tablet en laptop, ondertitels en producten in ijskast afplakken, postbode vragen post bij de buren af te geven, geen letterkoekjes meer kopen)

Thuis

1. Normaliseren

Regelmatig beseffen ouders pas laat hoe hard hun kind voorloopt op andere kinderen. Ook het besef dat hun kind zich asynchroon ontwikkelt, dringt vaak pas na lang door. Voor ouders is het vaak maar heel normaal dat hun kind het menselijk lichaam tot in detail kan uitleggen (zowel binnen- als buitenkant), maar op z'n 9de nog altijd met velcro-schoenen rondloopt omdat veters knopen moeizaam gaat.

Ouders van uitzonderlijk begaafde kinderen hebben echter een grote rol te vervullen als woordvoerder van hun kind. Elk jaar opnieuw is het afwachten wat het nieuwe schooljaar brengt en welke maatregelen er nodig zijn om de asynchroniteit en de intensiteit van het kind zo goed mogelijk op te vangen. Het kind moet aan de wereld uitgelegd worden, en de wereld aan het kind (Neville, 2017).

Toen Sophie 5 jaar was vroeg een grootouder aan haar naar welke klas ze gaat. Zeer trots antwoordt ze dat ze naar het derde leerjaar gaat. De grootouder begon hard te lachen en zei in aanwezigheid van veel andere mensen: "Derde leerjaar? Derde kleuterklas zal je bedoelen!". Sophie voelde zich vreselijk. Ik heb haar moeten uitleggen dat hij niet beter weet.

Helaas heb ik dit nog vaak moeten zeggen tegen haar....

2. Moet mijn kind weten dat het UHB is?

Het is vaak een moeilijke vraag voor ouders: wat en hoe zeg ik dit aan mijn kind? Een kind voelt uit zichzelf aan dat het 'anders' is dan andere kinderen. Als ouders niet kaderen wat die 'anders' juist betekent, maakt het kind zélf invullingen hiervan. Het is volgens mij dan ook beter te kaderen wat uitzonderlijke hoogbegaafdheid betekent, en dat dit niet enkel met 'beter' of 'slimmer' te maken heeft. In hoofdstuk 2 vind je de tekst "Hoe uitzonderlijke hoogbegaafdheid uitleggen aan je kind". Deze kan je aan hen laten lezen als introductie over uitzonderlijke hoogbegaafdheid juist.

3.   Als je kan worden wat je wil

"Je kan alles worden wat je wil". Het is een dooddoener die volwassenen graag gebruiken wanneer hun tiener vraagt wat hij later zou studeren. Dit legt echter vrij veel druk op de schouder van de tiener. Want wat je ook kiest, het zal wel lukken. En anders… heb je gewoon je best niet gedaan zeker? Beetje te veel gefeest, Netflix gekeken, je studies niet serieus genomen. Of misschien zelfs eindelijk eens gemerkt dat je toch niet zo slim bent als je dacht …?

Ik noemde het in mijn trajecten een van de grootste onzin-antwoorden. "Of anders ben ik gewoon oerdom geweest. Want als ik kon worden wat ik wou, dan was ik topchirurg of CEO van Coca Cola geworden en had ik lekker veel geld binnengerijfd om erna gewoon mijn goesting te doen."

Je kan nìet alles worden wat je wil. En ook na het behalen van dat papiertje van verdere studies zal je moeten tonen wat jou beter maakt dan de rest. Dit wil echter niet zeggen dat je een van de zovelen hoeft te zijn: dat is de vrijheid van verder studeren. Je kan veel worden, met de nodige focus en flexibiliteit.

Een veelvoorkomend probleem bij uitzonderlijk hoogbegaafden is echter dat ze zo veel onderwerpen leuk vinden, een extreem grote interesse hebben en in veel van deze zaken ook snel bekwaam zijn. Dé vraag die een uitzonderlijk hoogbegaafde tiener zich moet stellen is dan niet: 'waar liggen mijn talenten', maar wel: 'waar wil ik moeite voor doen?'. Vraag je af waar jij voor wil zweten, puffen en afzien? Waar wil jij je op doodvloeken ('Waar ben ik in hemelsnaam aan begonnen?') en je over afvragen waarom je al deze zaken moet kennen. Als je tot de conclusie komt dat je dat leed er wel ettelijke jaren wil bijnemen, dan heb je je droomrichting gevonden.

Niets weerhoudt je echter om in je latere leven meerdere carrières uit te proberen (Gevaert, 2018). We leven in een flexibele wereld waar je van meerdere carrières tegelijk kan proeven. De kennis die ter beschikking is, kan je niet op één mensenleven vergaren. Vroeger leek het mij fantastisch om iemand als Leonardo Da Vinci te zijn: je wist alles wat er te weten valt. Nu kan ik me geen grotere hel voorstellen dan dat: alles te weten wat er te weten valt. Wat doe je dan met de rest van je leven? Dat is wel zeer vroeg op pensioen gaan.

Een mooi en evenwichtig streefdoel lijkt mij dat van de "renaissance man/vrouw". In plaats van je te specialiseren in één domein, probeer je meerdere dingen uit en word je er misschien nog goed in ook: wetenschap, kunst, taal, muziek, sport, …

Ga ook op zoek naar rolmodellen: veel hoogintelligente mensen proberen meerdere zaken tegelijk uit, voor het ene staan ze in de schijnwerpers, het andere doen ze eerder op de achtergrond, als hobby-project, of laten ze rustig uitgroeien over de jaren heen.

School

1.   Verloren vaardigheden

Kinderen die door het schoolse standaard ritme continu onderbevraagd worden, dreigen belangrijke vaardigheden niet aangeleerd te krijgen. Om maar enkele te noemen die regelmatig in de praktijk voorkomen:

-Studievaardigheden: Omdat deze kinderen nooit de complexe theorie aangeboden krijgen die ze nodig hebben, leren ze ook niet hoe grote hoeveelheden leerstof te studeren. Meestal kennen ze de leerstof enkel en alleen door op te letten in de les, hoogstens door het thuis nog eens te doorbladeren. Op deze manier leren ze ook vaak dat, zelfs wanneer ze niet thuis studeren, ze er meestal op de toets nog wel opkomen.

-Luistervaardigheden: Oudere kinderen hebben vaak moeite om zich te concentreren. Ze hebben het afgeleerd dat les volgen gelijk staat aan opletten. Zelfs als ze nu niet luisteren, ze weten dat het toch nog ettelijke keren wordt herhaald. Andere kinderen beginnen zich onzeker te voelen en hebben het gevoel dat ze iets missen. Als iedereen het zo moeilijk vindt behalve ik, zal ik wel iets over het hoofd zien? Doordat ze het hebben afgeleerd om te luisteren, missen ze ook de signalen die een leerkracht geeft: "Opletten mannen, dit kan belangrijk zijn voor op het proefwerk", gaat dan ook vaak los aan hen voorbij.

-Taakinitiatie: Treuzelen is een middel om de omgeving te manipuleren. Hoe harder ik werk, hoe meer van hetzelfde ik moet doen. Dus waarom zouden ze voortwerken? Op lange termijn heeft dit tot gevolg dat ze zelfs niet meer aan een taak beginnen. Ze hebben nooit ervaren dat voortwerken beloond wordt.

-Planning en organisatie: Hun dag plannen en hun werk organiseren, doen deze kinderen enkel wanneer daar nood aan is. Dat wil zeggen: wanneer de druk op de ketel hoog genoeg is en ze voelen dat ze er anders niet komen. Een degelijke planning moet er echter voor zorgen dat je een bepaald schema volgt zodat je op tijd klaar geraakt. Het maakt duidelijk wanneer je ergens moet bijsturen, op welk moment van de dag jouw energiepieken liggen, wanneer je niet efficiënt aan het werken bent, en zo meer.

Veel uitzonderlijke hoogbegaafden maken enkel een planning 'voor de leerkracht' en niet voor zichzelf. Ik noem dat 'een tekening maken'. Het ziet er wel mooi en kleurrijk uit, met de nodige lijntjes en pijltjes, maar het wordt niet gebruikt. Een goeie planning wordt echter gebruikt: er wordt doorstreept, verzet, aangevinkt, gemarkeerd, … Je hoort daar uit te leren: ik ben géén ochtendmens, dus initiatie in de kwantummechanica om 8u 's morgens is geen goed idee. Ik start de dag beter met een herhaling van gisteren. In de late namiddag krijg ik het lastig: dan ga ik beter mij even ontspannen, of maak ik beter wat oefeningen. Ik werk het beste aan een lege bureau, met een beetje lawaai rond mij, met mijn gezicht naar de muur, … Kinderen die voor de show achter hun bureau zitten ('omdat het zo hoort'), leren niks bij over zichzelf.

-Fouten maken als leermoment zien: Fouten maken is deel van het leven, het is een belangrijk deel van een leerproces. Je moet het met andere woorden je kind gunnen dat het fouten maakt, zoals eerder besproken bij het theoretische minimum: ervaringsgebrek door kansen. Het is deel van de ontwikkeling dat ze leren dat dit er nu eenmaal bijhoort, dat dit geen deel van het proces is dat verdoezeld moet worden, en net interessant kan zijn. Heel wat mislukte experimenten leidden tot uitvindingen die wij tot op vandaag nog gebruiken.

Mensen denken dat Sophie veel moet studeren. Vorig jaar dacht de school zelfs dat we te veel druk zetten op haar: 14 jaar, 8 uur wiskunde, Chinese les, vioolles. Maar eigenlijk doet ze weinig voor school, ze oefent zelden viool en in de Chinese les lakt ze haar nagels. Het merendeel van de tijd is ze bezig met schooltaken ontwijken, uitstellen, wegdromen, prutsen, … Ze moet studeren maar het lukt haar niet.

2.　Over mindset

Er is de afgelopen jaren al heel wat geschreven en gezegd over mindset. Het zal je misschien niet ontgaan zijn dat het in dit boek nog niet werd vermeld. Dit is bewust. Er bestaat tegenwoordig een wildgroei aan mindsettrajecten: trajecten die tot doel hebben je kind op x-aantal sessies te leren doorzetten, te ontdekken dat door het woordje 'nog' er bij te zetten, opeens alles mogelijk wordt (Denworth, 2019).

Zo eenvoudig is het voor vele kinderen niet altijd. Wat al jaren in jou zit, krijg je er niet op korte tijd uit. Mindset is een gedragsverandering. Het is een leerproces van continu vallen en opstaan in een aangepaste omgeving die uitdagend genoeg is (Denworth, 2019).

UHB kinderen zijn zeer goed in het omzeilen van psychologische technieken: ze vatten theoretisch wat je bedoelt en kunnen nagenoeg perfect jouw woorden reproduceren. Maar het 'voelen', dat is er vaak niet. In de trajecten zetten wij daarom hard in op het beleven van grenzen, moeilijkheden, zaken die niet vanzelf gaan. Ook Persson (2015) nodigt uit om kinderen zo snel mogelijk hun eigen grenzen te leren kennen én te leren aanvaarden. Daarnaast kunnen we helpen en hen motiveren om fantastische dingen te doen: haalbaar en waarschijnlijk, maar niet onmogelijk (Persson, 2015). Dit voelen komt er namelijk pas door het te beleven in een veilige omgeving. Ruimte voor feedback, terugkaatsen van gedachten, gevoelens en gedrag, ruimte bieden voor alternatieve oplossingen is hierbij steeds belangrijk.

Mindset toegepast door mensen met onvoldoende kennis kan ervoor zorgen dat er enkel op het gegeven 'nog niet' wordt gefocust.

Enerzijds leren kinderen zo dat fouten maken aan hen ligt en niet aan hun werkwijze, anderzijds leren ze niet dat niet alles kan blijven groeien.

Het is des mensen, Aristoteles noemde het *pleonexia*: steeds maar meer willen, zo veel mogelijk. Onze samenleving is gebaseerd op groei. Maar moet dat? Geboren idealisten zijn hier dubbel zo gevoelig aan. Het lijkt me beter om hun idealisme te koesteren en te sturen, in plaats van het extra stimuleren. Jezelf steeds focussen op wat beter kan, leidt alleen maar tot onrust en frustratie (Verhaeghe, 2020).

In begeleidingen leer ik hen dan ook gaandeweg aan om te zeggen dat iets 'goed genoeg' is. Ja, ook de onderpresteerders, ook de schooluitvallers. Ook in hen schuilt een kind dat nooit tevreden was. Mindset is leren wat groeiwaardig is, maar ook aanvaarden dat sommige zaken geen groei hoeven of hun plafond bereikt hebben. Soms zijn zaken ook 'goed genoeg'.

.

3. Verrijking

Verrijking is geen surplus, een leuk extraatje dat erboven komt wanneer de andere leerstof klaar is. Verrijking is voor een groot deel ook vervanging. Door middel van compacten - het schrappen van oefeningen en gekende leerstof - kan er veel, heel veel tijd vrijkomen om te besteden aan uitdagende opdrachten.

Een eerste optie om te voldoen aan de noden van je kind is verrijking aanbieden. Je kan verbreden en/of verdiepen in het huidige curriculum, in de leerdoelen van het jaar:

-**Verbreden**: je gaat een ander vak aanbieden op het niveau van dat leerjaar (bv. cursus Spaans)

-**Verdiepen**: Je gaat dieper in op de aangeboden leerstof door bv. complexere oefeningen aan te bieden.

Het probleem bij uitzonderlijk hoogbegaafde kinderen is - hoe hoger op de schaal, hoe sneller het effect - dat binnen de leerdoelen blijven een helse tot onmogelijke opdracht is.

De maatregel die het beste bij hen aansluit, is die waar je de leerdoelen loslaat voor het verrijkingstraject en je kind volgt. Wat wil je kind weten, wat kan het aan? Het doel van verrijking is niet de taal of het programmeren an sich, het doel is de leerhonger wakker houden, leermethodieken aanreiken en vaardigheden aanleren die ze niet of niet meer hebben. Opnieuw pleit ik voor het heraanwakkeren van hun autodidactische vaardigheden.

4. Plusklas

Een plusklas oprichten is nog vaak het eerste waar een school mee begint wanneer ze een plan uitstippelen om naar boven toe te differentiëren. Een plusklas is echter "de kers op de taart":

-Een kind is niet hoogbegaafd dinsdagnamiddag van 2 tot 4, een kind is hoogbegaafd 7 dagen op 7.

-Volgens studies zitten kinderen met een IQ van 140 de helft van hun schooltijd te wachten, kinderen met een IQ van 170 praktisch hun hele schoolcarrière.

-In een plusklas zitten niet noodzakelijk de hoogbegaafden, maar eerder of ook de slimmeriken van de klas. Dit heeft invloed op de invulling van een plusklas, waardoor de uitzonderlijk hoogbegaafde opnieuw boven de massa uitspringt.

Dit is geen reden om geen plusklas te starten, eerder om na te denken waar je prioriteiten liggen wanneer je een hoogbegaafdenbeleid start en wat de exacte invulling van een plusklas hoort te zijn. Is het een leuk extraatje voor de slimsten, of is het een basisbehoefte voor de hoogbegaafden? Waarom doe je dit?

5. Versnelling

Wanneer het kind zo hard voorloopt op de leerstof, is een versnelling aangewezen. De meerderheid van de scholen zien het nut van één versnelling in, een tweede ligt vaak al moeilijker, een derde zien we zelden gebeuren. We zien volgende redeneringen over versnellingen nog terugkomen:

-**De makkelijkheidsoplossing**: Een versnelling hoort te gebeuren omdat ze nodig is, niet om onder de complexiteit van verrijking onderuit te komen. Toch gebeurt het nog dat er naar versnellingen wordt gegrepen voor er enige vorm van verrijking werd aangeboden. En ook na de versnelling wordt er geen plan B opgesteld.

-**Tegenhouden van versnelling:** Voldoende studies hebben ondertussen uitgewezen dat versnellen voordelig kan zijn voor UHB kinderen. Ze voelen zich beter in hun vel, vinden meer aansluiting bij de klas en ondervinden weinig sociale hinder van hun versnelling(en).

Belangrijk hierbij is dat er een plan B klaarligt. Het klastempo blijft het klastempo, en dat ligt sowieso onder het tempo van het kind. Dat is geen reden om niet te versnellen, maar is net een reden om ook aanpassingen te voorzien nà de versnelling. Ook de nieuwe leerstof zal weer aan snel tempo verwerkt worden, maar de voordelen zijn legio: het niveau ligt al hoger, de leerstof begint complexer te worden en de sociale omgang sluit meer aan bij de verwachtingen van het uitzonderlijk hoogbegaafde kind.

Er moet met andere woorden ook na de versnelling verrijkingsmateriaal voorhanden zijn.

Een risico van niet tijdig te versnellen is dat deze kinderen zich zelfstandig leerstof eigen gaan maken. Ze stellen zichzelf namelijk vragen nog voor het probleem aan bod kwam in school. Dit hoeft niet problematisch te zijn. We zien echter vaak gebeuren dat kinderen eigen strategieën gaan ontwikkelen die niet 'volgens de regels van de kunst' of niet efficiënt zijn. Dit kan later problemen opleveren met risico op bijvoorbeeld rekenfouten. Onder het motto beter voorkomen dan genezen, is het beter dat ze vanaf het begin de juiste strategieën meekrijgen.

6. Vakversnelling

Door hun asynchrone ontwikkeling is het ook mogelijk dat kinderen op slechts een of meerdere vakken sterk vooruitlopen, ook na meerdere versnellingen. Een optie is dan om aan vakversnelling te doen: slechts op één of meerdere vooruitlopen, met ook daar voldoende diepgang.

We merken dat vaak vakken waar ze initieel zeer veel interesse in hebben, in een latere schoolcarrière net die vakken worden waar ze op uitvallen. Dit omdat het hen niet de uitdaging geeft waar ze op hoopten, niet de antwoorden geeft op vragen waar ze mee rondlopen of het tempo en de moeilijkheidsgraad van te laag niveau blijft voor hen. Ze zoeken hun antwoorden dan buitenschools, maar lopen ook daar vaak met hun neus tegen de deur omwille van hun leeftijd.

Vakvrijstelling

Wat als een kind al alle leerdoelen heeft behaald voor dat jaar en/of de volgende jaren? Een vrijstelling kan er voor zorgen dat je een kind die uitdaging aanbiedt die het nodig heeft. De uren die vrijkomen, kunnen gebruikt worden om hen te laten doorgraven in een bepaald thema.

8. Huisonderwijs

Voor sommigen een opluchting, voor anderen een noodzakelijk kwaad. Huisonderwijs is niet vaak een positieve keuze, maar eerder 'bij gebrek aan andere oplossingen'. Het vergt dan ook veel van ouders: wie blijft thuis, hoe richt je je dag in, wat ga je aanbieden, hoe hou je de vooruitgang bij, hoe hou je je kind gemotiveerd, hoe zorg je voor sociale contacten, welke extra's bied je aan?

Huisonderwijs is loslaten, leren je kind te volgen in plaats van het werkboek. Huisonderwijs is een ideale omgeving om UHB kinderen hun immersie de vrije loop te laten, in plaats van te studeren in de traditionele blokken van 50 minuten (Neville et al, 2017). Zodra je het tempo van het kind volgt (en je kind de andere rol, zijnde juf mama, aanvaardt), gaat de leerstof er vaak pijlsnel door. Vakversnelling, verdiepend en verbredend werken gebeurt zo vanzelf. De bijkomende vragen en de gemaakte associaties van je kind zorgen hier bijna als vanzelf voor. Wat doe je met de rest van de dag, wat doe je met de rest van het schooljaar?

Het gebeurt niet zelden dat ouders en kind wachten op de minimumleeftijd om aan examens te mogen deelnemen. De vraag die zich dan stelt is niet of ze het examen wel gaan kunnen, maar of ze wel eenvoudig genoeg gaan kunnen antwoorden op de vraag. Zie hiervoor ook de intro "uitzonderlijk normaal" in dit boek.

Leren antwoorden is ook leren wat de ander van jou verwacht en niet noodzakelijk tonen wat je allemaal al weet. Uitzonderlijk hoogbegaafden hebben vaak een passieve schat aan kennis opgedaan. Het is de kunst in te schatten wat je dan juist moet opschrijven op een toets. Daar schuilt bij uitzonderlijk hoogbegaafden wel vaker een groot verschil - verwachte kennis versus effectieve kennis - wat soms voor slechte schoolse resultaten zorgt. Dit zegt echter weinig of niets over hun eigenlijke kunnen.

Creatieve hoogbegaafden komen makkelijker in huisonderwijs terecht. Ze worden minder snel herkend als hoogbegaafd in een schoolse omgeving en krijgen daardoor geen aangepast materiaal. Schooluitval komt daardoor gevaarlijk dichtbij. Hun interesses bevinden zich meestal ook op een heel ander gebied dan wat op school aangeboden wordt.

Wat betreft het sociale luik bestaan nog redelijk wat misverstanden. Deze kinderen vinden de facto al minder makkelijk aansluiting in hun klasgroep, onder hun leeftijdsgenoten. Dit is geen sociale ontwikkeling. Omwille van hun asynchrone ontwikkeling zullen zij zich voor activiteit A op hun gemak vinden onder jongere kinderen, voor activiteit B onder oudere kinderen en voor activiteit C onder volwassenen. Dat is hun manier van sociale ontwikkeling (Neville et al 2017).

De ideale leeromgeving: een denkoefening

1. Start vanuit de verwondering

Getuigenis van onze partner Urania: Belang van kijken uit verwondering en kritisch denken

Al van oudsher kijken mensen naar de sterrenhemel. We vragen ons af waar we vandaan komen en wat de toekomst zal brengen. Zijn we alleen en wat is onze bestaansreden? Het is de verwondering voor: het grote onbekende, de mysteries van het universum, die wetenschappers dagelijks drijven in hun wellicht oneindige zoektocht naar nieuwe kennis.

Die ontdekkingsreiziger schuilt in elk van ons: de ene een rasechte avonturier steeds te vinden aan de frontlinie, de andere met zijn neus veilig in de boeken op zoek naar de waarheid zwart-op-wit. Met verwondering kijken, wakkert het vuur van nieuwsgierigheid aan en brengt ons uiteindelijk tot nieuwe horizonten, ver en dichtbij.

"Mystery creates wonder and wonder is the basis of man's desire to understand."
- Neil Armstrong -

Het pad naar verlichting is echter ruw, bezaaid met obstakels en hindernissen. Verwondering en nieuwsgierigheid maken plaats voor vraagstukken en probleemstellingen. Nieuwe kennis en inzichten vergaren gebeurt met vallen en opstaan, bochten in het parcours en soms een volledige ommezwaai. In het beoefenen van wetenschappen zijn er geen dogma's. Nieuwe inzichten zijn niet in steen gebeiteld. Ze zijn vloeibaar, onderhevig aan verandering. Waar verwondering de aandrijving is, is kritisch denken de broodnodige rem die voorkomt dat we onszelf verliezen. Het houdt je inzichten scherp. Wetenschappers stellen vergaarde kennis en hun eigen denken voortdurend in vraag: is dat wat we beweren ontegensprekelijk?

" Ἕν οἶδα ὅτι ουδὲν οἶδα "
- Socrates -

(vrij vertaald: "het enige dat ik zeker weet, is dat ik niets weet")

Wetenschappelijke vooruitgang zal dus zelden het werk van één mens zijn. Eerder is het een samensmelting van honderden kritische blikken. Kritisch denken dwingt je om verder te gaan, weg van veilige havens. Het activeert je brein tot buiten je comfortzone en zal je uiteindelijk brengen tot inzichten die je zelf niet voor mogelijk hield.

"Failure is an option here. If things are not failing, you are not innovating enough."

- Elon Musk -

Krachtige argumenten en bewijsstellingen worden aangevoerd om tot een zo nauwkeurig mogelijke weergave van de realiteit te komen. Wat vandaag is, hoeft morgen niet te zijn. Het pad naar verlichting is ruw, maar wel geplaveid met onweerlegbare feiten, tot het tegendeel bewezen is.

Mijn ervaring met hoogbegaafde kleuters

Wanneer ik over sterrenkunde vertel aan hoogbegaafde kinderen (kleuters) zijn ze net als hun leeftijdsgenoten vaak erg geboeid door de materie. Opvallend is wel dat ze vaak al veel informatie verwerkt hebben. Ik hoef ze niet meer te vertellen dat de zon een ster is, dat weten ze al. Die intrinsieke motivatie om te leren, is prachtig om te zien. Zeker in een snel veranderende wereld, waarin levenslang leren bijna onmisbaar wordt, is dit een sterke troef.

Kijken vanuit verwondering

(over school): There was no soaring sense of wonder, no hint of an evolutionary perspective, and nothing about mistaken ideas that everybody once believed. […] There was no encouragement to pursue our own interests or hunches or conceptual mistakes. In the backs of textbooks there was material you could tell was interesting. The school year would always end before we got to it." - (Sagan, 1995)

Bovenstaande fragment doet me denken aan - lang vervlogen - momenten uit mijn schooltijd. De tijd waarin de bovenkant van je schoolbank ook een klep was waarin je boeken verstopt waren. De schoolbanken met een open vak voor je boeken vond ik altijd ontgoochelend. Dat had geen esthetische reden, eerder een praktische. Het was altijd een beetje feest in mijn hoofd als we iets uit onze bank moesten nemen, want dat was voor mij hét moment om verder te lezen in mijn schoolboeken. Ik was dan ook steeds de laatste om mijn boek, lat, potlood, … op de bank te hebben. Tegen november was ik met de meeste handboeken al klaar, gewoon door mijn materiaal uit te halen.

De slogan van mijn onderneming is niet zomaar "kijken vanuit

verwondering". Ik noem verwondering de vijfde basisemotie van een hoogbegaafde. Ze staan van jongs af aan verwonderd in het leven. Ze willen weten, ontdekken, leren. Wat nieuw is, is 'wauw'. Sommigen raken dit door de jaren heen kwijt: verwonderd zijn. Deze verwondering terug laten opflakkeren, vind ik dan ook zeer belangrijk. Starten vanuit een inherente, ontembare nieuwsgierigheid en deze zijn werk laten doen.

Hoe langer die verwondering werd afgeremd - door zichzelf of door de omgeving - hoe langer het ook duurt om deze terug te krijgen. Maar telkens opnieuw vertrekken onze thema's vanuit verwondering. Verwondering die veel verder reikt dan taal of rekenen:

-Wist je dat klassieke muziek en metalmuziek veel gemeen hebben?

-Waarom is 1 en 1 gelijk aan 2?

-Wist je dat Socrates voor de doodstraf kon argumenteren, om vijf minuten later het compleet omgekeerde te verdedigen?

-Draait de aarde rond de zon in de vorm van een ei of een hamburger?

-Is alle land ter wereld al van iemand (en zo neen, krijg ik dan ook een stuk)?

2. Natuurlijk leertempo volgen

It is never too late to be what you might have been. - G. Eliot

We hebben het in dit boek al gehad over de asynchrone ontwikkeling van UHB kinderen en hun voorkeur voor immersie. Deze bepalen hun natuurlijke leertempo. In een ideale leeromgeving wordt dit leertempo gevolgd. Dit maakt het dus bijvoorbeeld perfect mogelijk dat een kind vlot kan lezen maar nog geen letter op papier krijgt. Of dat het al vlot de maaltafels kent maar nog geen letter kan lezen.

Een uitzonderlijk hoogbegaafde heeft een brein dat kwalitatief anders is (Neville, 2017): er kunnen zeer complexe/abstracte vragen komen, terwijl hij nog zeer naïef in het leven staat.

"Waarom kleuren we alle land groen? Er zijn toch plekken die donkergroen zijn, of alleen maar zand en palmbomen?" (5j.)

"Als er vuur in onze aarde zit, waarom kunnen mijn voeten dan niet verbranden? (4j.)"

Mensen die gestorven zijn worden sterretjes in de hemel, zeggen ze. Zijn sterren nu uit stof of uit mensen gemaakt? (5j.)

Wanneer dit natuurlijke tempo wordt gevolgd, kan de ontwikkeling extreem snel gaan. We zien dan ook regelmatig dat de leerstof van enkele schooljaren er op 1-2 jaar wordt doorgejaagd, of dat het net moeilijk wordt die leerstof nog aan te bieden aan het kind, omdat hun interessevelden in pakweg fysica het schoolse aanbod ver overstijgen en zich al op een veel hoger en abstracter niveau bevinden.

Hij kon maar niet aanvaarden of begrijpen dat, bijvoorbeeld, 14:4 wel degelijk mogelijk was. Het was zo simpel dat het moeilijk wordt voor hem.

Zijn toptalent was over vragen lezen, getallen omgekeerd antwoorden en juist schrijven, - waar + staat, en het makkelijke slechter doen dan het moeilijke. "Is goed" zei ik, "en hoeveel is dan 316:8?". "owwwwww...." Zei hij, ik wist dat de euro was gevallen.

3. Andere doelen

Wat wil je met je kind bereiken? Moeten de werkboeken netjes ingevuld zijn?, Moet hij cognitief op topniveau staan?, Moet hij ontdekken waar zijn talenten liggen?, Of moet er helemaal niks?

In een ideale leeromgeving liggen de doelen voor een uitzonderlijk hoogbegaafd kind op een ander vlak dan standaard leerdoelen in een schoolomgeving. Het gaat dan eerder over zich leren te verwoorden, tussenstappen te zien en onder woorden te brengen zodat eigen denksprongen voor iedereen zichtbaar zijn, leren te doorgronden wat een ander van jou verwacht, omgaan met frustraties, of eigen studietechnieken vinden.

Ze kunnen het toch zo moeilijk maken soms:

Wat doet een dokter? - De welke?

Wat was het nut van een pyramide? - Voor de doden of de levenden?

Schrijf het getal twee - Binair of decimaal? (Haha, mopje hé mevrouw)

Wat is de relativiteitstheorie van Einstein? - Wel, ...

Soms is het voor hen makkelijker om iets te begrijpen met een complexere uitleg of een complexer voorbeeld. Kline en Meckstroth (1985) halen het voorbeeld aan van een jongen die de tafel van drie leerde, maar de voorkeur had om 57689x4723 uit te rekenen in plaats van 33x4. Hetzelfde merk ik bij mijn kinderen in de praktijk.

Stephanie Tolan (1985) geeft het zeer herkenbare voorbeeld van een zesjarig meisje dat in de bib over walvissen opzoekwerk mocht gaan doen. Na een uur had ze niks gevonden over walvissen. In hetzelfde boek als de walvissen had ze ook over weer en water gevonden en was ze zichzelf daarin verloren. Opdracht mislukt?

> Je eigen koninkrijk maken, was de opdracht. In de uitleg die ik gaf, kwam ook naar voren dat er nog stukken grond in de wereld bestonden die van niemand waren. Sommige volwassenen maakten er een hobby van die op te sporen en op te eisen. Fantastisch!!!
>
> Een van mijn deelnemers zocht zo een stuk grond op (Bingo! Een waterput), zocht uit wie de buurlanden waren, de telefoonnummers van de ambassades, het beltarief per minuut en of hij er nog zou komen met zijn pre-paidkaart. Vervolgens ging hij naar Google Translate. Hij vertaalde het hele (heel beleefde) verzoek om eigenaar te mogen zijn van dit stuk land en studeerde dit ijverig vanbuiten. Dit stuk grond zou van hem worden!

De streefdoelen van het uitzonderlijk hoogbegaafde kind zelf liggen ook hoger dan waar ze eigenlijk al toe in staat zijn. Als ze een appel tekenen, moet deze er perfect uitzien; maken ze een televisie uit karton, zou deze ook verschillende kanalen moeten kunnen uitzenden, stiller en luider gezet worden, … Elk voorgaand succes is voor hen de voorspeller van volgend succes, hoe hoog de lat ook ligt (Daniels et al, 2008).

Een belangrijk doel bij deze kinderen is dan ook hen te tonen dat succes een optie is, maar geen zekerheid en dat dat normaal is. Ook onze eigen normen als maatschappij moeten hierin grondig bekeken worden. We verwachten van een kind steeds dat ze hun uiterste best doen, voor het beste gaan. Nemen ze dit serieus, dan zijn ze te perfectionistisch. Dus: wat verwachten we van hen? Dit streven naar 'altijd beter', het zien van opportuniteiten en 'wat als', is deel van wie ze zijn. We kunnen dit niet wegtoveren, maar we kunnen hen wel begeleiden naar een leefbare situatie, het herkennen en leren omgaan met deze gevoelens van continue ontevredenheid.

We kunnen dus stellen dat de doelen bij uitzonderlijk hoogbegaafde kinderen dus eerder bij het proces liggen dan bij het product.

4. Ontwikkelingsgelijken

Het is voor uitzonderlijk hoogbegaafden een grote opluchting om anderen zoals hen te vinden (Neville et al, 2017). Zoals ondertussen wel duidelijk is, is er een groot verschil tussen hen en normaal begaafden én hoogbegaafden.

5.   Hoofd, hart en lichaam

Een ideale omgeving zet ook in op het gehele kind. In dit geval ben je niet meer de leerkracht, maar wel de begeleider van het kind.

Hoofd: Voldoende cognitieve input bieden. Filosoferen is een belangrijk onderdeel van voldoende cognitieve input bieden, naast het topdown benaderen van de leerstof (Kane & Fiedler, 2011). Ook de mogelijkheid tot het stellen van vragen die een complex antwoord nodig hebben, hypotheses kunnen vormen, gedachten-experimenten houden, systemen en modellen bedenken (en onderzoeken of die overal van toepassing zijn), zijn zaken waar deze kinderen veel uit leren en van genieten (Neville, 2017).

Hart: Voldoende inzicht en aandacht voor het rijke palet aan emoties. Uitzonderlijk hoogbegaafden hebben een grotere intensiteit in emoties en een hogere vorm van moraliteit (idealisme). Door ervaringsgebrek hebben ze echter niet altijd de capaciteit om hier mee om te gaan. Een goede sturing hierbij door mensen met de nodige expertise is dan ook belangrijk (Neville et al, 2017).

Lichaam: Inzicht in wat emoties met je lichaam doen, aandacht voor zelfzorg. Sommigen geraken zo gefocust dat ze vergeten te slapen, te eten, te drinken of te bewegen en gaan in complete isolatie (Neville et al, 2017). Onooglijke uren bij tieners - niet door het fuiven, maar door een nieuw ontdekt probleem dat hen opslorpt - zijn dan ook niet uitzonderlijk.

6. Leve de hypocrisie

Het extreem rechtvaardigheidsgevoel van UHB kinderen speelt hen vaak parten. Zo zorgt het soms voor klasruzies, weinig vrienden, groot onbegrip... Het wordt zelfs gebruikt om hen 'sociaal achter" te noemen. De gedachtegang rond een authentiek leven is echter hypocriet te noemen: je moet 'jezelf' zijn, zo wordt gezegd, maar ook niet te veel jezelf, want dan is er kans dat je niet langer aanvaard wordt. Maar wat wordt daar precies mee bedoeld: jezelf zijn? Een mens kan wel twintig versies van zichzelf hebben. Afhankelijk van wie hij voor zich heeft, krijgen medemensen een ander stukje te zien.

Ik had hier een gesprek over met enkele tieners: hypocrisie, jezelf zijn, je masker afzetten. Vooral dat laatste vonden ze bijzonder moeilijk. Niet verwonderlijk: jezelf zijn in de maatschappij is niet zelden onder voorbehoud. Voor mij draait het er dan ook niet om je masker af te zetten, voor mij draait het erom dat je kiest hoe je masker eruit ziet en wie het waard is om je masker voor af te zetten.

Iedereen van ons heeft een masker, niemand is ooit volledig zichzelf maar bevindt zich eerder in een continuüm tussen schijn en werkelijkheid, tussen idealen hebben en in de realiteit leven. Ook hier geldt weer het principe 'goed genoeg'.

De maatschappij maakt het hen daar niet makkelijk in: koop jij een plaat met valse muzieknoten in, een schilderij waarop gemorst is, een appel met een deuk in? (Daniels et al, 2008). En dus de vraag: wat verwachten we eigenlijk van hen?

Uitzonderlijk hoogbegaafden houden er hoge standaarden op na. Het onnastreefbare ideaal komt ook hier om de hoek kijken. Een standaard die ook zij niet kunnen behouden. Het leven heeft normen en standaarden waar meer niet dan wel aan wordt gehouden (Neville et al, 2017). De realiteit is een allegaartje van willekeur, en geen idealen. Het hebben van deze idealen is een mooi gegeven, zolang je er de relativiteit van kan blijven inzien en je aanvaardt dat er vaak meer dan één perspectief is.

In hoeverre ben je ook bereid voor je idealen te gaan? Galileo kreeg er bijna de brandstapel voor (Neville et al, 2017), Socrates kreeg de gifbeker omdat ze zijn moeilijke en kritische vragen meer dan beu waren (de Botton, 2001).

Eerlijkshalve moet hier wel een kanttekening bij gemaakt worden…

Uiteindelijk komen ze terecht in een maatschappij die hen vanuit een menselijke reactie - cultureel bepaald - makkelijk uit de 'kring' plaatst wegens afwijkend gedrag van de sociale norm (Persson, 2015). Hoogpresterende kinderen zullen hier minder problemen mee hebben dan uitzonderlijk hoogbegaafde kinderen.

Al twaalf jaar lang wil ik schreeuwen: laat mijn kind gerust! Mijn kind heeft geen tijd meer gehad om zichzelf te zijn.

Het Engels heeft een prachtige uitdrukking: learn to suffer fools gladly. Het betekent dat je geduldig bent met lastige mensen of mensen die je irriteren. Dit niet leren zorgt voor bittere gevoelens, desillusie en een vaak geïsoleerd leven van de maatschappij (Neville et al, 2017). Suffering fools gladly, het is een kunst die uitzonderlijk hoogbegaafden levenslang zullen moeten bedrijven.

7. Autonoom zijn

Stel je kunt ervoor kiezen plaats te nemen in de geluksmachine. Dankzij deze machine verlopen alle situaties in je leven net iets beter: je bent succesvoller, geliefder, gezonder en ga zo maar door. Kortom: de machine maakt je net iets gelukkiger dan dat je nu bent. Een bijkomstigheid van dit virtuele leven is dat je het niet fysiek meemaakt. Terwijl je al deze gelukkige dagen beleeft, zit je eigenlijk gewoon op een stoel in een machine. Maar dit weet je niet. Wanneer je de machine instapt, wordt per direct je geheugen - en hiermee dus ook de beslissing om de machine in te stappen - gewist.

Maar pas op: de keuze is definitief. Je zult er dus nooit achter komen dat je leven zich afspeelt in de machine. Nog een belangrijk punt om mee te nemen: zodra je plaatsgenomen hebt op de stoel, zijn je ervaringen niet langer van jou, maar worden deze bepaald door de machine. De vraag is nu: zou u kiezen voor dit virtuele, maar gelukkige leven?

Veel mensen zouden hier afhaken. Geluk is prettig, maar je bent niet snel bereid hier je volledige autonomie voor in te ruilen. Er zijn blijkbaar dingen die wij belangrijker vinden dan geluk. Wij stellen voorwaarden aan een gelukkig leven: we willen een echt contact met de wereld om ons heen, en zelf de vrijheid hebben om onze eigen keuzes te maken. Als puur geluk onze hoogste prioriteit was, zouden we massaal in de machine te vinden zijn.

(uit: filosofie.nl)

Je eigen leven leren leiden in een wereld die zo anders is dan de jouwe, is best moeilijk. Hoe ziet dat leven er dan uit? Dit fragment is van het gedachte-experiment van Nozick. Je herkent het misschien uit de film 'The Matrix', die hierop gebaseerd is. We willen allemaal gelukkig zijn, maar wat als we daarvoor onze autonomie moeten opgeven? En wat is autonoom zijn?

De wil tot autonomie is sterk bij uitzonderlijk hoogbegaafden. Maar … autonoom zijn betekent niet al je beslissingen alleen maken, het is beslissingen maken gebaseerd op invloeden uit je omgeving (Rössler, 2020) en dat maakt het vaak pijnlijk. In welke mate belemmeren of ondersteunen relaties mij tot autonoom denken? Zijn verplichtingen een dooddoener voor mijn autonomie? Wat betekent mijn twijfel? Kan dat ook iets goed zijn?

Autonoom zijn is dus best wel balen bij momenten. Om autonoom te leren zijn, wordt er verwacht dat je jezelf kent, in al zijn ups en downs, waar je voor staat en hoe je in elkaar zit (Rössler, 2020). Dat is een aardige maar soms pijnlijke oefening met de spiegel. Je eigen normen en waarden leren vaststellen en een omgeving, een netwerk rond jezelf opbouwen dat werkt voor jou is als uitzonderlijk hoogbegaafden dubbel zo belangrijk dan bij andere kinderen.

Besluit

Ik hoop met dit boek het nodige bewustzijn bij te brengen dat een uitzonderlijk hoogbegaafd kind meer nodig heeft dan alleen maar extra kennis ingepompt krijgen. Een kader van waaruit echte gesprekken kunnen plaatsvinden met een gemeenschappelijke woordenschat en een gemeenschappelijk theoretisch kader. Vertrekken vanuit het theoretische kader dat ik schets in het eerste hoofdstuk, zorgt voor een heel andere kijk op uitzonderlijke hoogbegaafdheid. Zowel vanuit het familieleven als vanuit de school.

Het is uiteraard makkelijk om met de beschuldigende vinger naar scholen of leerkrachten te wijzen. Ik ken echter veel gemotiveerde scholen en leerkrachten die aan het einde van de rit het uitzonderlijk hoogbegaafde kind ook niet konden bieden wat het nodig had. Wanneer het systeem van bovenaf niet gemaakt is om kinderen aan de uiterste bovenkant van de curve op te vangen, wanneer leerkrachten niet voldoende opgeleid worden om deze kinderen te begeleiden, … dan moet men ook durven toegeven dat het op een bepaald moment stopt.

Ik sta Persson bij in zijn mening over inclusief onderwijs: voor hem is inclusie in de eerste plaats een ideologie en het heeft dus niets te maken met hoe een maatschappij daadwerkelijk functioneert. Inclusie mag niet betekenen dat een klas uit individuen bestaat die zo ver van elkaar staan dat ze noch elkaar begrijpen noch een band kunnen hebben met elkaar.

Misschien moeten we ons de vraag durven stellen voor wie de gemiddelde klas bedoeld is en daar een helder antwoord op durven formuleren. Dat antwoord moet ook onze UHB kinderen inhouden. Waar begint en eindigt het 'gemiddelde' kind? Hoever kan en mag differentiatie binnen een klasgegeven gaan vooraleer het ten nadele gaat van een kind zelf?

Ik heb kinderen zien 'weggedifferentieerd' worden tot ze een deel van het klasmeubilair werden en nog amper deelnamen aan het klasgebeuren zelf. Deze kinderen worden hun brein, een steeds groter wordende scheefgroei van een intellectuele spons waar de sociaal-emotionele ontwikkeling aan verloren gaat. En daar hebben we hen tot verengd.

Er zijn kinderen die door uitsluiting van andere opties overgaan naar huisonderwijs. Uiteraard zijn we dankbaar dat dit wettelijk mogelijk is in België. Uiteraard kunnen we de inzet en de drive van deze ouders alleen maar bewonderen. Maar als puntje bij paaltje komt moeten we ook eerlijk de vraag durven stellen of het de juiste aanpak van cognitief talent is. Maar weinig ouders hebben 'juf mama' als toekomstbeeld voor ogen voor hun zesjarige.

Erkenning dat deze kinderen echt wel heel anders zijn, doet ons hopelijk ook nadenken over welke leeromgeving ze echt nodig hebben. Een leeromgeving die voor mij althans altijd start vanuit hun vijfde basisemotie: verwondering.

Literatuurlijst

'De theorie van positieve desintegratie'. Retrieved from http://www.positievedesintegratie.nl

Albert, R. (1994) Talent Development, II. *In Colangelo, N., & Assouline, S. (Eds.), The contribution of early family history to the achievement of eminence.* Ohio: Psychology Press.

Daniels, S., & Piechowski, M. (2008) *Living with Intensity.* Scottsdale: Great Potential Press.

De Botton, A. (2001) The Consolations of Philosophy. Londen: Penguin Group.

Denworth, L. (2019) *'Debate Arises over Teaching "Growth Mindsets" to Motivate Students'.* Retrieved from: https://www.scientificamerican.com/article/debate-arises-over-teaching-growth-mindsets-to-motivate-students/

Diezmann CM, Watters JJ (1995). *Off with the fairies or gifted? The problems of the exception-ally gifted child.* Paper presented at the annual conference of the Australia Science Teachers Association, 24-29 September.

Elkind, D. (1984). *All grown up & no place to go: Teenagers in crisis.* Reading, MA: Addison-Wesley

Fakolade, O.A., & Archibong, I.E. (februari 2013). *Stress and Intelligence: Understanding and Encouraging the Exceptionally Gifted and Talented Learners to Cope with Stress.* African Journal for the Psychological Study of Social Issues. Vol 16 n. 1

Felder, Richard. (1986). *Identifying and Dealing with Exceptionally Gifted Children: The Half–blind Leading the Sighted.* Roeper Review.

Feldman, D. H., & Morelock, M. J. (2011). Prodigies and savants. In R. J. Sternberg & S. B. Kaufman (Eds.), Cambridge handbooks in psychology. The Cambridge handbook of intelligence (p. 210–234). Cambridge University Press. *https://doi.org/10.1017/CBO9780511977244.012*

Gevaert, T. (2018) 'Ben ik slim genoeg? Echte meiden zijn stoer, kritisch slim én vrouwelijk.'

Gross, M. (2004) *Exceptionally Gifted Children.* Abingdon: Taylor and Francis.

Gross, M. (2004) *Exceptionally Gifted Children.* Londen: Routledge.

Gross, Miraca. (2002). *"Play Partner" or "Sure Shelter": What gifted children look for in friendship.* The SENG Newsletter. 2.

Haraway, D. (2020) 'De Cyborg overstijgt hokjes'. *Filosofie Magazine Special: Vrouwelijke Denkers. pp. 42-44*

Heylighen, F. (2013) *Gifted People and their Problems.* Retrieved from: Davidsongifted.org

Highly-Profoundly gifted. (2020) Retrieved from: https://www.gifteddevelopment.com/about-our-center/our-services/k-12-educational-planning/highly–profoundly-gifted

Hollingworth, L. S. (1942). *Children above 180 IQ Stanford-Binet; origin and development.* World Book.

Jackson, P. & Moyle, Vicky & Piechowski, Michael. (2009). *Emotional Life and Psychotherapy of the Gifted in Light of Dabrowski's Theory.*

Underachievement in Exceptionally Gifted Adolescents and Young Adults: A Psychiatrist's View. Grobman, J. 2006.

Kline, Bruce & Meckstroth, Elizabeth. (1985). *Understanding and encouraging the exceptionally gifted.* Roeper Review. 8.

Korpershoek, M. (2016) *'Stapt u in de geluksmachine?'.* Retrieved from: https://www.filosofie.nl/nl/artikel/46605/stapt-u-in-de-geluksmachine.html.

Lovecky, D. (1994) *'Exceptionally gifted children: Different minds'.* Roeper Review, Vol. 17, no 2.

Martin, L., Burns, R., & Schonlau, M,. (2010). *Mental Disorders Among Gifted and Nongifted Youth: A Selected Review of the Epidemiologic Literature.* Gifted Child Quarterly. 54.

Neville, C., Piechowski, M., & Tolan, S. (2017) *Off the Charts.* New York: Royal Fireworks Press.

Persson, R. (2018). *Evolved Human Giftedness: Reclaiming science from ideology, dogmatism and self-serving bias.* ICIE.

Persson, R. (2009). The Talent of being Inconvenient: on the societal functions of giftedness. Paper presented at the 18th World Conference on Gifted and Talented Children.

Persson, R. S. (2015). Through the looking-glass: understanding the social dynamics of human nature and gifted identity. In R. Klingner (Ed), *Make them shine. Identification and understanding of gifted children and consideration of their social and emotional needs* (pp. 37-76). Zürich, CH: LIT Verlag.

Probst. (2007) *When your child's second exceptionality is emotional: Looking beyond psychiatric diagnosis.* Retrieved from: Davidsongifted.org

Ricca, J. *(1984). Learning Styles and Preferred Instructional Strategies of Gifted Students.* Gifted Child Quarterly, 28(3), 121–126. *https://doi.org/ 10.1177/001698628402800305*

Rössler, B. (2020) 'Beate Rössler over een waardig eigen leven'. *Filosofie Magazine Special: Vrouwelijke Denkers. pp. 20-28*

Ruf, D. (2009). *5 Levels of Giftedness. Scottsdale:* Great Potential Press.

Sagan, C. *(1994). The Demon-Haunted World.* New York: Random House.

Silverman, S. *(2019). Perfectionism and the Gifted Child.* Retrieved from *https://www.hoagiesgifted.org/perfectionism.htm*

Sword, L. (2001) *Emotional intensity in gifted children.* Retrieved from: Sengifted.org

Tolan, S. S. (1985). *Stuck in Another Dimension: The Exceptionally Gifted Child in School.* G/C/T, 8(6), 22–26. *https://doi.org/10.1177/107621758500800609*

Tolan, S.S. (1992). *Parents vs. theorists: Dealing with the exceptionally gifted, Roeper Review, 15:1, 14-18, DOI: 10.1080/02783199209553450*

Vaivre-Douret L. *Developmental and cognitive characteristics of "high-level potentialities" (highly gifted) children.* Int J Pediatr. 2011;2011:420297. *doi:10.1155/2011/420297*

Van der Elst, A. (2020*)* 'Zorg voor je lijf, zegt psycholoog Paul Verhaege'. *Filosofie Magazine Special: De vrije wil bestaat (niet). pp. 36-44.*

VanTassel-Baska, J. (2001). *Creativity as an elusive factor in giftedness.* New Zealand Journal of Gifted Education, 13, 33-37.

Webb, J. (2008). *Dabrowski's Theory and Existential Depression in Gifted Children and Adults.*

Webb, J. (2013). *Searching for Meaning: Idealism, Bright Minds, Disillusionment, and Hope.* Scottsdale: Great Potential Press.

Webb, J. (2016). *'When bright kids become disillusioned'.* Teaching for High Potential.